三菱一号館美術館前でのスナップ（2020年）

アーリドラーチェのプロデュース「ドン・カルロ」ロドリーゴ役（2015年）

東京芸術劇場「ドン・ジョヴァンニ」本番後（2019年）

楽しく会話をする戸ノ下さんと私（2019年）

私の好きな東京の街並み
（2020年）

お気に入りのカフェで（2020年）

東京駅をバックに（2020年）

ヴィタリ

~人生って不思議なものですね~

ヴィタリ・ユシュマノフ
戸ノ下達也

ハンナ

もくじ

☆本文中のＱＲコードからＳｐｏｔｉｆｙの音声サイトへリンクが貼ってあり、ヴィタリの歌う日本歌曲を聴くことができます。

プロローグ

「ヴィタリ　～人生って不思議なものですね～」

戸ノ下達也

私が、ヴィタリ・ユシュマノフの名前を初めて聞いたのは、数年前のこと。地元の小学校や中学校で演奏する、「外国人声楽家」としてだった。その時は、何でロシア生まれの声楽家が、この土地で、しかも日本語で日本歌曲を歌うのだろう、という印象が残った。

その後、ヴィタリは、オペラなどさまざまな公演に出演し、活躍の場を広げていくが、日本での活躍を目の当たりにするたびに、なぜロシアに生まれ育ち、ドイツで声楽を学んだ彼が、ここまで日本という風土に、日本で生まれ愛されている「うた」に魅了され、演奏するのだろう、という彼への思いが募っていった。不思議なバリトンだ、と。

美空ひばりの歌声に魅せられ、拠点を日本に移し活躍するロシア生まれの声楽家は、独学で日本語をマスターし、オペラやヨーロッパの歌曲のみならず、日本の歌曲や流行歌を演奏し、録音する。

２０１８年10月28日（日）のこと。私は、そんな疑問と興味を抱きながら、東京文化会館に向っていた。日本演奏活動5周年記念・ＣＤ第3弾〈日本歌曲名曲集〉発売記念の「ヴィタリ魅惑のバリトン・リサイタル」を聴くために。その演目は、多国籍の歌曲とアリアが並ぶ興味深いもので、私は、公演レビューを執筆するという使命も兼ねていた。ちょうどＣＤ発売もあり、『レコード芸術』『ハンナ』などの音楽雑誌がこぞってインタビューを掲載していたが、先入観を持ちたくなかった私は、これらを読まずに演奏を聴いていた。

リサイタルの後半、瀧廉太郎、信時潔、平井康三郎のお馴染みの歌曲が並ぶ。一体、誰が歌っているのか。明晰で彩り豊かな日本語の「うた」の演奏を聴いた。リサイタルで、最も驚愕したのは、アンコールだった「敬愛する美空ひばりの歌った曲で、どこかロシア音楽の雰囲気が漂うものをお届けします」というヴィタリの言葉を聞いて直感した。〈津軽のふるさと〉に違いない！

「りんごのふるさとは……」と歌われた〈津軽のふるさと〉は、身震いするくらいに情感豊かで、心のこもった演奏だった。日本語を母国語とする日本人の演奏家でも、ここまで深い〈津軽のふるさと〉を歌えるだろうか。とにかく感銘し、ヴィタリのＣＤも聴いて決意した。日本語を母国語としないロシア生まれの声楽家の、日本への、そして日本の「うた」への、日本語への思いをじっくりと聞き、見つめることで、日本に息づく「うた」という音楽の真価を再考すべきではないか、と。

現在に至る、日本における音楽の歴史。その歴史の中で、どのような「うた」が創作され息づいているのか、その「うた」をどのように聴き、演奏していくべきなのか。日本語を母国語とする私たちが、わかっているようで実は理解しきれていないことが、あるのではないか。ヴィタリの思いや活動は、そんな表層的な理解ではいけないのだよ、ということを教えているのではないか。ここで述べたことを考える場として、ヴィタリ自身の言葉で、自身の音楽観や日本歌曲への思いを語ってもらい、その言葉を私の10編のコラムと、論考で補完する場として、本書を考えてみた。皆さんは、彼の言葉を、どのように受け止めますか？

コラム（1）

「歌曲」という音楽

本書で考察する、「歌曲」とは何か？　という問いに、一致した答えを導くことは、難しい。辞典では、次のように定義している。

『広辞苑（第四版）』（岩波書店）

「独唱曲・重唱曲・合唱曲など、人声により歌われる楽曲。歌。リート。」

『三省堂国語辞典』（三省堂）

「声楽のための曲。リード。（⇔歌謡曲）」

『音楽大辞典』（音楽之友社）

「声楽曲に関する用語。近代の造語というわけではないが、多用されるようになったのはかなり新しく、現今では洋楽に関して用いられることが多い。英語のソングとかドイツ語のリートの訳語として、あるいはそれに近い意味あいで用いられている。広義には、声楽における小曲を指す。すなわち独唱・合唱を問わず、また民謡・童謡・流行歌・唱歌・芸術歌曲などすべてを含みうる。しかし、多くの場合には、もっと狭く、鑑賞用に創作された独唱用の小曲を指す」
『新音楽辞典』（音楽之友社）

「民謡は現代もなお広く分布されている。芸術的な歌以外に巷の歌として一括されるべき歌謡曲的な存在がある。芸術的なものにはオペラ、オラトリオのうちに含まれるアリアがある。このアリアのうちダ・カーポ・アリアは、とくに複合3部形式によって作られている。あるいは規模の小さいアリエッタやそれに近似したカヴァティーナがある。その他演奏会用アリアというものは、演奏会において歌われるもので、独立したものである。リートは1個の独立した叙情的なものである。リートの集まった連作歌曲はシューベルトの《冬の旅》、シューマンの《詩人の恋》のようなものである。

リートには、いく節かの詞を同じ旋律で歌うもの（有節歌曲）と、数節の詞があっても、繰り返さないで、通して作曲されたもの（通作歌曲）の2種類がある。

バラードはピアノあるいは管弦楽で伴奏される叙事歌曲である。シューベルトの〈魔王〉やシューマンの〈2人のてき弾兵〉はこれに属する。カルル・レーヴェは17冊のバラードを作った。レゲンデは、宗教的な叙事曲である。ロマンスは、レゲンデに似て宗教的内容のものでなく世俗的内容をもつ史歌曲である。このほか教会で歌われる聖歌、コラールなどがある」

このように、「歌曲」の定義は、明白にひとつに絞れるものではない。広義の解釈としては、詩やかけ声などの言葉を人声で表現する音楽ということになろうが、クラシック系統の作曲家や演奏家は、『新音楽辞典』が「リート」「バラード」と定義している「芸術歌曲」を前提としている。また、『新音楽辞典』でも、童謡や唱歌、林光や武満徹が創作した劇音楽などを軸とする「ソング」のような「うた」までは網羅していない。しかし、「芸術歌曲」という狭いワクにこだわらず、広義の「歌曲」の解釈で日本の「うた」を捉え、演奏することで、レパートリーや表現の厚みや深みを追求している演奏家がいることも事実である。

何をもって「歌曲」と捉えるのかは、千差万別だろう。どれが正解と断定できるものでもないが、「芸術歌曲」にとどまらず、言葉と音が声楽家の思いと共鳴し共感する作品を「歌曲」と捉え、聴き、演奏することが、「歌曲」の本質なのではなかろうか。

I．音楽へのこころざし

1．ロシアでの来歴

●極寒の都サンクト・ペテルブルク

私が生まれたのは、モスクワから北に７００km離れた、サンクト・ペテルブルクです。フィンランドの首都ヘルシンキにとても近いです。生まれたときはソビエト連邦の時代でしたので、まだレニングラードと呼ばれていました。

サンクト・ペテルブルクはロシア帝国時代の首都でした。ロシア帝国の王様や女王様は、ヨーロッパに自分たちも文化的で立派な国であることを見せるために、この地に新しく首都を作ったのです。王宮の周りには貴族が住み、音楽家や詩人などの文化人、彼らも下級貴族でしたが、そういう人々がこの街に集まってきました。あの時代は、お金と時間がある貴族だけが文化を楽しめたのです。

１９１７年、ここを中心に革命が起こり、首都としてはあまりに寒いし、ヨーロッパに近すぎて危険でしたので、首都はモスクワに移されました。革命後、レーニンにちなんでレニングラードという名前になりました。第二次世界大戦の時、３年間ドイツ軍に包囲されました。人口も三分の一になってしまっていましたが、レニングラードのオーケストラは、今こそ音楽を演奏しないといけないと思って、チャイコフスキーのシンフォニーを演奏しました。しかも、その演奏はラジオで放送されました。母国の作曲家の音楽をすることで、「レニングラードは包囲されているけれども、私たちはまだ生きてるよ、まだ頑張れるよ」と国民に見せたのです。

　その後、１９９１年にソビエト連邦が解体し、名前がまたサンクト・ペテルブルクに戻り、立派な建物があって今でもきれいです。１９１３年生まれだった祖母は、ロシア帝国、ソビエト社会主義共和国連邦、ロシア連邦の三つの国を生きました。

　サンクト・ペテルブルクの冬の気候は厳しいです。マイナス20度は普通で、マイナス25度になると、外の冷たい空気が肺にまで入って危険なので、学校も大学も休みになります。空は灰色で重く垂れていて、屋根の上にすぐ空がある感じです。風邪をひくとすぐに広がるので、誰かがインフルエンザにかかったと分かると学校はすぐに閉鎖します。昼が短くて、夜が長いので、学校に出かけるときはまだ真っ暗な中、街灯の下を歩いていきますし、学校から帰るときはもう真っ暗です。その代わり、家の中はとても暖かく、快適です。時間をかけてお料理を作ることが多く、年の変わり目には食べ物をたくさん用意して、食べたり飲んだりしながら新年を迎えます。

私が子どもの頃は、夏の最高気温は27度ぐらいでしたが、今は異常気象で、夏の一番暑い1週間ほどは、30度を超えて35度になることもあると聞きました。

●鎧の家系「ユシュマノフ」

歴史といえば、私の家系は17世紀頃まで遡ることができます。私はよく伯父たちに、「私たちは奴隷じゃないよ」と言われていました。子どもの頃は「何でそんなことにこだわっているの？」と不思議に思っていましたが、ロシア帝国では１８６１年まで、貴族・平民・奴隷などの階級が存在していたようで、ロシア人にとっては奴隷ではないということがステータスだったみたいです。私くらいの世代になると誰も気にしませんが、伯父たちの世代はまだそのような感覚が残っていたようです。「ユシュマノフ」というファミリーネームの由来も分かっています。ロシアには、騎士たちが自分の身体を守るための、魚の鱗のような鋼鉄の鎧がありました。その胸と肩の部分を守る鎧のことを「ユシュマン」と呼んでいますが、その部分を作っていたのが先祖のようで、私たち一族の名前になったそうです。アルハンゲリスクという北西部の町の隣に小さな村があり、私たちの先祖一族がそこでずっと鎧を作っていて、そこから鎧があちらこちらに広がっていきました。

だから今、「ユシュマノフ」という姓の人たちのルーツは、そこになるそうです。

●ピアノなんてつまらない！

私の家は、兄と両親の４人家族。父は地質学者、母はレンズ工学が専門のエンジニアでした。母は政府の秘密に関わる仕事だったので、仕事を辞めたあとも10年間はロシアを出ることができませんでした。国内にとどまっていなければいけなかったのです。三人兄弟だった父たちは、三人ともピアノを習っていましたので、趣味としても、アマチュアとしてもピアノが上手でした。その父の三人兄弟の一人、私にとって伯父にあたる１９４１年生まれのヴィクトール・ユシュマノフは素晴らしいバス歌手でした。私も小さい頃から父とピアノを弾いて遊んでいましたが、音楽との関わりはその程度。小学生になった頃に、母がピアノを習わせたのですが、私は、仕

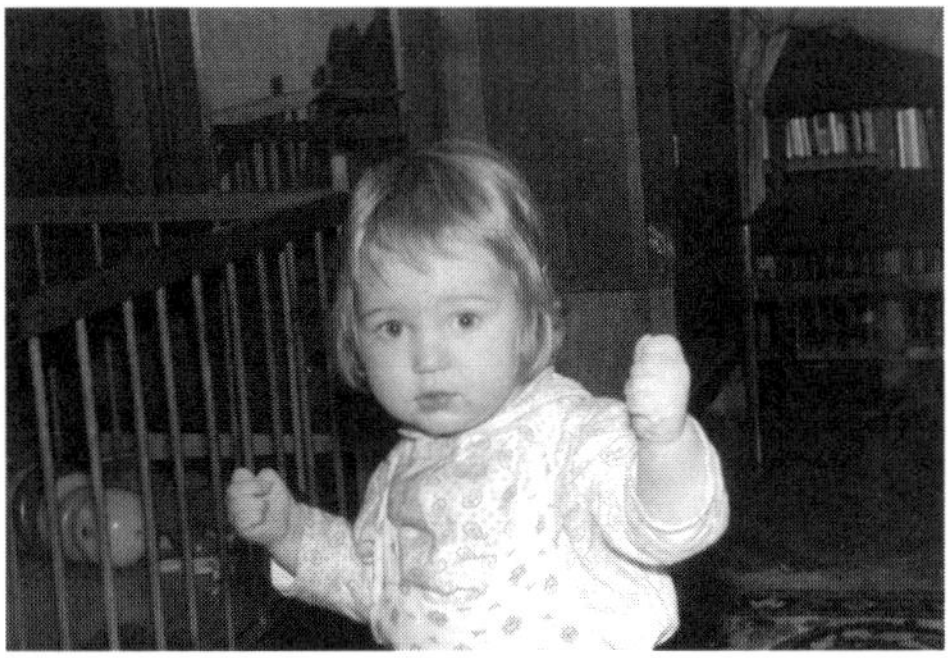

2歳の私（1982年）

事でめったに家にいない父との時間を楽しみたくて、父とピアノを弾いていたのが本音でした。そのため「友達みんなが遊んでいるのに、なんで僕はピアノの前に座って練習してなくちゃいけないの、つまらない！」と母に言って、半年でやめました。

そのほかにも、小さい頃、母とよくケンカしました。キャラクターが似ていると結構ケンカしますよね。母と私はキャラクターが似ていたから……でも、今は問題ないですよ。

兄とは9歳離れていて、私が小さい頃はすごく仲が良かったです。彼は弟が欲しいとずっと両親に言っていたので、中学生の頃はよく遊んでくれました。でも、兄が高校生になるとあまり相手にしてもらえず、私は捨てられたという気持ちが強くなって、ずっと怒っていました。「あなたはこんなことをした。なんで？　あなたは私と遊びたくないんだ」なんて。自分が高校に入って、やっとあの時の兄の気持ちが理解できました。小さい頃は、9歳や10歳という年の差は大きいのですね。大人になると差は小さくなります。だ

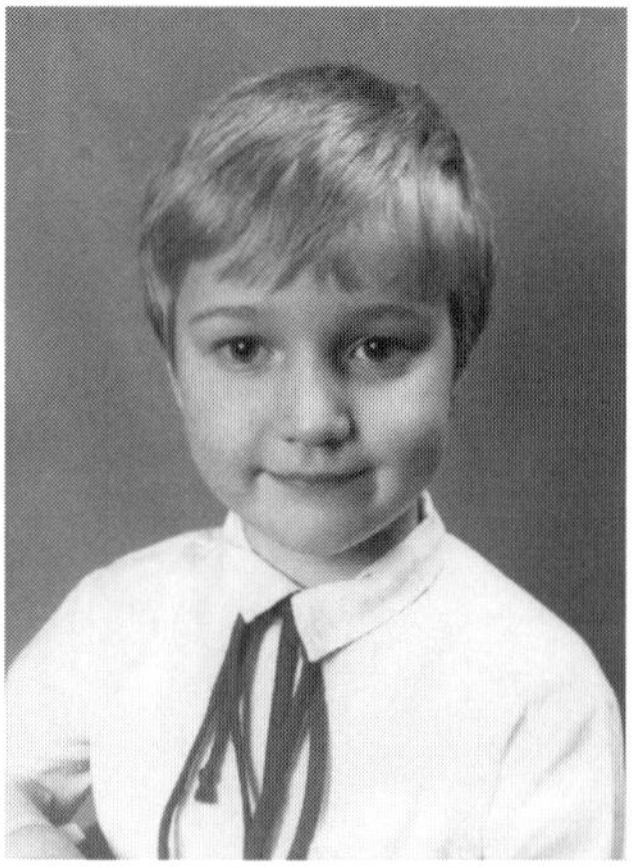

4歳の私（1985年）

から、今はもう兄との年の差はほとんど感じません。

●家族への思い

私がここまで来られたことは、もちろん家族のおかげですね。

私が両親に一番感謝していることは、小さいときから一人前の人間として扱ってくれたことです。5歳の頃に自分の部屋をもらって、その時から父も母も、私の部屋に入る前に必ずノックをしました。勝手に入ってきて「今何をしてる」なんてことは、1回もなかったです。だから私は、幼くても両親から尊重されていると感じて、それは自分の中でとてもうれしいことでした。今考えると、自分の子どもをちゃんとひとりの人間としてみてくれた両親を尊敬します。

私の両親は、兄のほかにもう一人子どもが欲しかったようです。やっと私が生まれるとなった時、母は35歳で体が丈夫ではなくて、産む直前に調子が悪くなり、父はお医者さんに「両方とも助けられなかったら、どちらを選びますか?」と聞かれたそうです。彼はとても選べないと思って、「頑張ってください!」としか言えなかったそうです。私は帝王切開で生まれて、おかげで私も母も無事でした。

だから、父は私のことをものすごく大事にしてくれたと思いますし、生きてるだけで嬉しかったと思います。子どもの頃体が弱かった私を、いつも心配してくれたおかげで全くトラブルがない生活ができました。

冬のとても寒い朝には、マイナス25度までいかなくても、私の部屋に来て「今日は学校を休んでいいよ」と言いました。ただ、ドイツに引っ越して一人で全部やらなくてはいけなくなった時は、本当に困りました。それまでは、いつも両親に教えてもらっていたから自分の頭で考えなくてもよかったけれど、初めて自分でやることになって、どうすればいいか分からないことばかりでした。

私が経営学部の3年生のとき、両親に「歌をやりたい」と言った時も、「好きなことだったら

両親と東京にて（2017年）

やった方がいいよ」と言ってくれたので、大学卒業後、私は安心して音楽院に入りました。そして、音楽院の卒業まであと1年というとき、先生からのアドバイスもあってマリインスキー歌劇場研修所に移ることにしました。その時も、両親は「あなたがそうしたいと決めたのなら、その通りにしなさい」と言ってくれました。

その3年後、今度はマリインスキーを辞めたいと言ったときも、二人は「あなたは、自分が何をやりたいかちゃんと分かってる。だから別に辞めてもいいよ」と言ってくれました。普通、ロシアの一番有名な劇場の研修所を辞めるというのはあり得ない話ですが……。それで、伯父についてドイツに行くことになったときも「あなたが一番自分にとって良い方に進めばいいじゃない」と。そしてドイツに引っ越すとき、母は私に「私たちはいつでも家で待ってるから、うまくいかなかったらいつでも帰ってくればいい」と言いました。私は、いつでも帰る場所があると思うだけですごく安心しました。うまくいかない時も、いつでも辞められるから、そこまで苦しい感じがしませんでした。帰る場所を用意してくれている両親のサポートには、本当に感謝しています。

今は、サンクト・ペテルブルクにいる家族とは離れているので、一緒に過ごせる時間がとても大事になっています。両親は、毎年日本に来ていますが1年に1回しか会うことがないので、歳を取っていくのがよく分かります。これから何回会えるかなと考えると、日本で会っている1週間、10日間をすごく大事にしないといけないと感じます。それは、ある意味悲しいことだけど、会うときはすごく嬉しい。ほとんど毎日スカイプで話すので大きいニュースはないけれど、会うこと、顔を見ることはとても大事です。もちろん自分が頑張らないといけないけれど、いつ何が起こっても、助けてくれるんじゃなくて、聞いてくれるだけでも私にとっては大事なことです。

●11年生まである学校制度

ロシアでは、7歳になると学校に通い始めます。1年生から3年生までが小学校。5年生から11年生までが中学校のようなもので、9年生までが義務教育です。11年生まで勉強して大学に進学します。4年生が抜けていますね。それは、小学校できちんと履修できなかった生徒がもう1年勉強できる期間です。私は12月生まれで、学校が始まる9月にはまだ7歳になっていませんでしたが、簡単なテストを受けて校長先生から許可をもらって入学しました。3年生からすぐ5年生になれたので、大学に入ったときは16歳でした。それで、大学2年生の時にクラシック音楽・声楽に出会うのです。

●休みがちな小学校の頃

小学生時代は、あまり身体が強くなかったので、学校を休みがちでした。でもそんな時、本が好きで、よく読んでいました。自分の家族にも歴史があると分かって、特に歴史が好きでしたが、本は何でも読みました。美術も好きだし、博物館、特に鉄道博物館が好きでした。あとは、普通の子どものように、友達とゲームをしたり、外で遊んだりしました。将来何になりたいとか夢を抱くような子どもではなかったですね。

スポーツは、身体が弱かったのであまりやりませんでした。勉強は、数学よりは文学や歴史が好きでした。音楽は、鑑賞主体の授業でした。先生によって違うかと思いますが、あまり興味が湧く授業ではありませんでした。

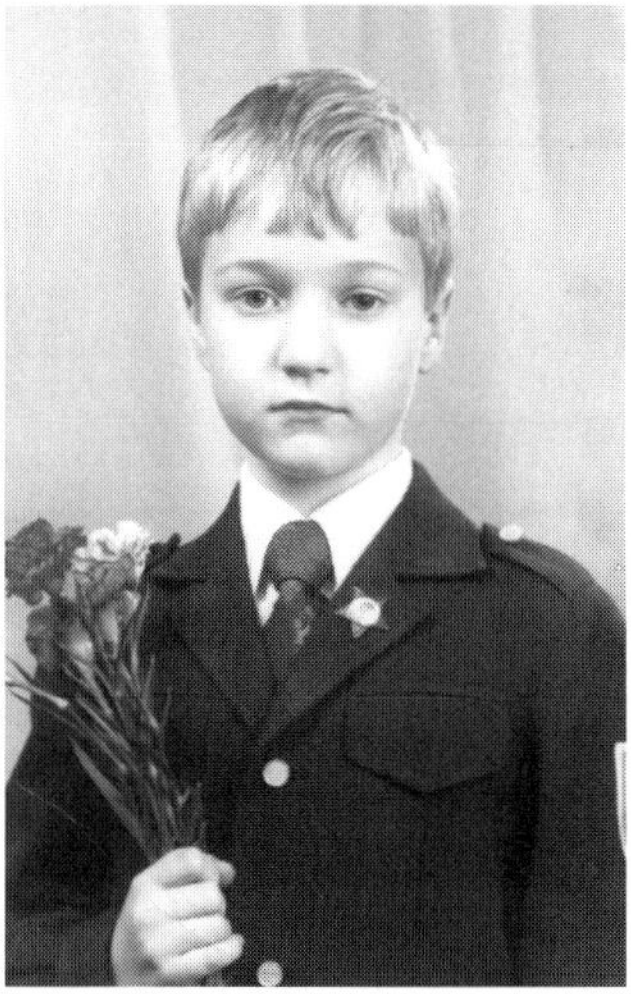

7歳、小学校2年生の私（1988年）

●将来を探すべく経営学部へ

兄は、学生時代からパソコンのプログラミングに大変興味を持っていて、現在はそちらの仕事に就いていますが、私はそのような明確な目標はなくて、後に音楽を見つけるまで、自分の人生から何を作っていくか全く分かりませんでした。将来への展望を自分自身で描くことができず、高校3年の頃は、スランプのようになって困っていました。私は本当にどうすればいいのだろうか、自分の人生は何のためにあるのか、何のために生きているか分からない、と悩んでいました。

そろそろ大学を選ばなければいけなくなった時、父に相談してみたら、「どんな仕事をするにしても経営の知識が必要だろう」と言われて、人文科学現代大学（以下「経営学部」）に進学しました。私は新しいことを勉強するのは好きなので、大学での勉強は面白かったけれど、残念ながら経営学部で学んだことを一生の仕事で活かしたいとは思いませんでした。経営学部では、経済学、経営学、経理、マネジメント、心理学などを学んでいました。私の専門は、店舗運営とスタッフのマネジメントで、売場のオーガナイズやスタッフのオーガナイズとタイムマネジメントなどを重点に勉強しました。物販店の作り方、商品の並べ方、売場配置、スタッフコミュニケーションの心理学なども。また語学は、英語はもちろん、スペイン語を趣味で勉強していました。経営学部の先生は、「大学院に進学して、自分のアシスタントとして仕事をしながら博士まで頑張ってみたらどうか」と言ってくれましたが、大学院には進みませんでした。

●大学時代の趣味はドミンゴの話すスペイン語

経営学部の2年生の時に音楽と出逢ってから、音楽が私の一番の趣味になりました。それ以外の趣味としては、スペイン語に興味を持って勉強しました。別に必要はなかったけれど、スペイン語は美しい言葉だと思いました。私がオペラを好きになった時、ドミンゴが最初に憧れた人でした。彼は、スペイン人ですね。だから、彼が歌うスペインのオペラ《ルスエラ》とか、南アメリカのポピュラーソングとかを聞いて、なんと美しい言葉なのかと思ったのです。スペイン語の素晴らしいところは、全てにルールがあって、ロジカルな言葉だということ。古代ローマの言葉から出たものなので、構造や組み立てなどが分かりやすく勉強しやすいです。私は半年ぐらい一人で勉強してから毎週2回スペイン語の授業を受けていました。半年くらいかけてディプロマ（卒業証書）をもらいました。だから、スペイン語で仕事もできます。その他にも、スペイン語には、カスティリアのスペイン語とカタルニアのスペイン語があって。また、南アメリカに行ったら、それぞれの国が自分の地域方言を持っているので、発音も違います。私は『南アメリカの発音の違い』という厚い本を読みましたが、それもすごく面白かったです。子どもの頃から言葉を勉強するのが好きだったけど、趣味としては初めてスペイン語を勉強しました。スペイン語を始めたのは3年生のころだったと思います。他の同級生たちはクラブに行って、踊ったり飲んだりしていました。私も最初はみんなと一緒に行ってみたけれど、なにが楽しいのか分かりませんでした。2時間、3時間、たまには朝まで踊ったり飲んだりするだけ。そんな時間がもったいなくて、クラブに行くのをやめました。みんなから見たら、私は変な人で、付き合いの悪い人だったと思います。

　私は散歩が好きです。博物館に行ったり、一人で映画を見たり、コーヒーを飲んだり、そんなことが好きです。映画は月に2、3回見に行きます。ちょっと面白そう、これを見たいと思ったら、映画館に行きます。映画館では休憩やストップができないし出られません。つまらなかったら出ることもできますが、電話をしたり、メールチェックをしたり返事をしたり、違うことができないので、作品の印象が強くなりますね。

　でも、大学時代の趣味としては、やっぱり語学と音楽だったと思います。

●ドミンゴとカレーラスに衝撃を受ける

大学院へ行かなかったのは、音楽との衝撃的な出逢いがあったからです。それは、なんの気なしに観たテレビ番組でした。5月だったのですが、ドミンゴとカレーラスが出演していたクリスマスコンサート番組を観たのです。なぜクリスマスコンサートの番組が5月に放送されたのか分からないけれど、この偶然は、もしかしたら私のために放送されたんじゃないかって思えます。私は、そんなにテレビを観ることが好きなわけではないのですが、偶然に観たチャンネルで歌を初めてちゃんと聴きました。オペラのアリアとかではなく、クリスマスソングとか親しみやすい曲だったというのもあるかもしれません。なんといってもその発声が素晴らしかった。その時は誰が歌っているか知りませんでしたが、出演していた歌手たちがみんな上手い。じゃあ自分もこんなふうに歌ってみようと思ったのです。不思議なことですが、私も絶対歌える、と確信していました。それまで歌に親しんだこともなかったし、その確信も理由はなかったけれど、なんとなく歌えると信じていました。「自分に合っている道」だと直感したのです。もし違う道に進んでいたら、今とは違う感じで幸せに暮らしていたかもしれないけれど、まずは音楽の道に進んでみようと、その時に決断しました。でもその決断は、間違っていなかったと思います。なぜなら、これまで一度もがっかりしたり後悔したりしたことがありませんから。

●伯父から才能がないと2回も断定される

経営学部は、ディプロマを得て卒業しました。その後、リムスキー＝コルサコフ記念サンクトペテルブルク国立音楽院（以下「国立音楽院」）に入学しましたが、それまでが大変な道のりでした。

18歳で初めて歌いたいと思ったけれど、どうすればよいのか全く分からなかったのです。そこで私は、オペラやクラシックのCDを買いこんで、聴きながら自己流で歌っていました。でも、もちろんそんなことでは、耳と声帯のコーディネートができないので音楽にならないし、第一うるさい。自宅のマンションの部屋で歌っていたので、お隣さんは迷惑だったと思います。母は半年我慢しましたが、もういいかげんにきちんと勉強しなさい、と言いました。それで、伯父のヴィクトールにお願いしてみたのです。

伯父は、当時は音楽大学で教えていましたので、「じゃあ来てごらん」と言ってくれました。伯父の前で歌ってみたら、すぐに「あなたには才能がないよ」と断定されました。でも、私は「絶対に歌える」と信じていましたから、「ああ、伯父さんは何にも分かってない」と思いました。もし今、伯父にそのように言われたら、「本当にもうダメだ」と思ってしまうかもしれないけれど、その時は違うと思いました。それで、また独学で練習して、1年後に「私は1年頑張ったから聞いてください」と言ったら、結果また同じでした。「全然進歩していないよ。下手な歌手はたくさんいる。あなたがその一人になるのは無駄だから、違う分野の勉強で頑張りなさい」と言われたけれど私は、そこまで断言されても、「自分のためにちゃんと歌いたい」と思いました。

●ニーナ・コーロソヴァ先生との出逢い

そんな時に、私が音楽をやりたがっているということを知って、自分も進学のためにレッスンを受けていた友人が、一人の先生を紹介してくれました。ニーナ・コーロソヴァ先生です。彼女はすごく優しい先生、先生に個人レッスンを受けて、3カ月たった時、「あなたはそろそろ音楽院を受験しても大丈夫そうだから、入学したら私のクラスに入りなさい。だけど、あなたは音楽のことを全然分かっていないので、これから半年間、ソルフェージュなどをしっかり勉強することに挑戦してみたら？」と言ってくれました。こうしてようやく音楽の基礎を勉強することができて、国立音楽院に入学しました。

笑い話を思い出しました。先生は私の「ヴィタリ」という名前は知っていましたが、名字は知らなかったのです。だけど彼女は自分の生徒が入学試験を受ける時に、必要な書類を書かなければならないので、「あなたの名字は？」と私に聞きました。私は「ユシュマノフ」と答えました。そうしたら先生はびっくりして「ちょっと待って、あなたはヴィクトール・ユシュマノフ先生の家族？」って。だから「ああ、伯父です」と答えると、「私、あなたの伯父さんと40年間一緒に歌っていたのよ。最初から言ってよ！」と言ったのです。コーロソヴァ先生は、有名なソプラノだったし、伯父も結構有名なバスだったので、同じミハイロフスキー劇場で一緒に仕事をしていたのです。だけど、コーロソヴァ先生にレッスンを受けていたことは伯父には話していませんでしたし、先生に伯父のことを話す必要はないと思っていました。でも、入学が決まった時に伯父に電話して、「伯父さんの友達に習っていて、入学が決まったよ」と話したら、彼はものすごく驚いていましたね。

●早く上手になりたい

国立音楽院では、引き続き3年間、コーロソヴァ先生について勉強しました。私は、みんなより2歳くらいは年上でしたが、他は若い生徒たち、特に男子は声が定まらない年代でしたので、先生たちも無理をさせないように気を付けて教えていました。でも私は、音楽がやりたくて音楽院に入ったので、いつも歌ばかり歌っていました。今考えたら、どこからそんな体力をもらっていたかわからないくらいに。今、私がそのペースで歌っていたら死ぬかもしれないと思うくらい。若かっただけじゃないと思います。どうしても早く歌いたい、早く上手になりたい、そんな気持ちがあったのかも知れませんが、入学当時音楽の勉強が足りなかったので、他の生徒よりも3倍くらい頑張らないといけないという思いでした。

国立音楽院では、音楽科目だけでなく、語学はイタリア語などをきちんと勉強しました。そして実技科目では、ダンスやフェンシングもやりました。コーロソヴァ先生は本当に素晴らしい教育者でしたし演奏家でした。先生は少し時間があると、私を見つけて、「今、暇？　ちょっと練習しよ

コーロソヴァ先生と（2004年）

う！」といって教えてくださいました。そこまでしていただいたけれど、私は本当にゼロからのスタートだったので、何を言われているのか理解できないこともありました。2年目くらいまではレベルアップしたのですが、3年目はダメでした。練習方法を変えたり試行錯誤をしたりしてみたけれど全然上手くならないし、先生の考えるレベルに達しなかった。それは私の力が足りなかっただけなのに、先生は「私があなたに教えられることは全部教えたつもりよ。あとは新しい先生を探して勉強した方が良いでしょう」と、私が自信を失わないように、優しく言ってくださいました。ちょうどその頃に、マリインスキー歌劇場のオーディションがあり、そちらを受けて研修所に入りました。研修所は非常に忙しいし、音楽院との両立はできない。そんなタイミングもあって、音楽院を3年で辞めて、マリインスキー研修所に専念することになりました。

私は、コーロソヴァ先生には、とても感謝しています。私が声楽家になれたのは、最初に音楽を教えてくださった先生のおかげです。先生は、発声だけでなく、音楽を実に深いものとしてしっかりと伝えてくれたし、音楽を理解し、作曲家のスタイルや創作の背景も教えてくれました。単に演奏するだけではなく、演奏するにはたくさんの準備が必要だと。それは、先生の最初のレッスンから言われていましたので、楽曲一つひとつの勉強にしっかりと取り組まなければと理解しました。

●バリトンへの覚醒

マリインスキー歌劇場研修生となりましたが、ちょうどよいタイミングでした。また新たな歌の勉強に取り組めたからです。研修所の生徒として、劇場の公演で小さい役をもらったり、アンサンブルメンバーとして歌ったりという実技を通して、舞台での具体的な動き方や見せ方を学びました。また劇場での生活を目の当たりにして、自分に合うかどうか、できるかどうかの判断もできました。

私は、国立音楽院と歌劇場研修所の時は、テノールとして歌っていました。でも25、26歳頃からテノールじゃないな、と思い始めました。声の色が違いますし、パッサージョ（地声から裏声に変わると

フィンランド、ミッケリーにて（2006年）

ころ）もテノールではない。一度、サンクト・ペテルブルクのラジオのために録音演奏をやったことがありました。私は初めてプロの録音で自分の声を聴いて、やはりテノールではないと確信しました。そこで、バリトンの曲を歌ってみて、初めて自分の本当の声を感じたのです。それで伯父に電話して「私はバリトンかな」と聞くと、彼は「私は最初からバリトンだと思っていた」と言うので、「えー！　違う違う、あなたは最初から、私には声がないって言ったよ」と冗談で言いました。それで、研修所の先生に聞いてみたら、「いや、あなたは絶対テノールだ」と。でも、私は自分の声はテノールではないと分かっていましたし、テノールで歌い続けてたら喉を壊すと思いました。

●研修所での悩み

一度、《魔笛》のタミーノを代役で演奏したことがありましたが、指揮者から「すごく綺麗だったけど、それはモーツァルトじゃない、プッチーニだよ」と言われました。そりゃそうです。バリトンが頑張ってしまっているから、不自然な感じになっている。それで研修所に、「私は1年間勉強しましたけど、やっぱりバリトンだと思いますので、聞いてください」と言ったけれど、研修所からは、「あなたはバリトンかもしれないけど、テノールとして入ったからテノールのままでいるか、辞めるかのどちらかです」と言われて、それじゃ辞めるしかないかと。研修所の在籍期間は、特に決まっていません。そこで声楽家として大丈夫だと判断されたら、歌劇場に入ることになるのです。私は、2年間研修生として、1年間ソリストとして勉強しましたが、ソリストになった頃にバリトンだと思い始めました。私は、どうしてもマリインスキーでちゃんとした歌手になりたいと思っていましたし、上手になりたいと思っていました。しかし、ちゃんとした役を歌うチャンスがないし、テノール役にも向いていなかったのです。

それで、これ以上は難しいと思っていたら、友人がドイツで仕事を探し始めていたので、私も一緒にドイツのエージェントに経歴を送ってみました。そこで語学力や学歴が必要だということを知りました。国立音楽院は途中でマリインスキー歌劇場研修生となったので、卒業していなかったのです。だからちゃんとした音楽大学で勉強したということを見せなければいけなかったのですが、私のプロフィールが不完全だったのです。そこで、いろいろ考えたあげく、メンデルスゾーン・バルトルディ音楽演劇大学に入学することにしました。２００８年6月に研修生を辞めました。

●研修所で得たもの

マリインスキー歌劇場の研修所の最もよいところは、生徒たちが劇場の演目に出られることです。それは理論より勉強になりますし、素晴らしい人と同じステージに出ると勉強になりますし、どうやって新しい演目を作るのかをゼロから体験できるのです。また劇場と一緒に動いていますので、世界の国々に行けます。私が日本を知ったのも研修所にいたからです。なので、研修所では、理論よりも具体的な劇場公演のためのことを習いました。極端な言い方をすれば、プロダクションで使えるものしか習っていないですね。理論は既に理解していることが前提なのでしょう。

研修所は、研修カリキュラムが決まっているわけではなく、一週間単位でスケジュールが決まっていました。そこで、演技やバレエ、声楽などのレッスンを受けたり、リハーサルや本番を見学したりという感じです。レッスンは自分で希望して先生につくこともできましたし、研修所からこのレッスンをと指示されることもありました。理想は、1～2年程度研修所に在籍して、その後、音楽監督のゲルギエフのオーディションを受けて劇場に入るという感じでしょうか。しかし生徒は多いし、全員が歌劇場に入れるわけではありません。

●アラン・マラトラーの演出

ロシア語版の《魔笛》なんかもやりましたが、私が研修所で一番勉強になったことは、ロッシーニの《ランスへの旅》と、プロコフィエフの《3つのオレンジへの恋》の演目に入れてもらい、アラン・マラトラーというフランス人の演出家と一緒に仕事をしたことです。《3つのオレンジへの恋》は、前の年の演目でした。《ランスへの旅》はずっと前の演目で、私は研修所に入ってすぐ《ランスへの旅》の演目にアンサンブルメンバーとして入れてもらいました。この演目に入ったことで、どのように演目を作り上げていくのかを最初から見ることができましたし、彼のおかげで、自分はどうやって演じる、どうやってオペラの舞台を使うかといったことを全部知ることができました。ソ連のスタイルは堅くて、演技よりも声量という感じでした。でも、マラトラーには、「指揮者じゃなくて客席に向かって歌いなさい、あなたはいつも指揮者ばかり見て歌っている」と笑われました。彼は私に、「自分の役の中で生きているのではなくて、お客様に見せているんだよ」と。彼は面白い人だったし、楽しい人だったし、彼の演出もすごく面白かったです。彼は楽譜も読めたし、音楽も勉強したし、もともと演劇人だったけれど、音楽にも興味をもっていました。物語の内容を深く読み込んで、フランス人のユーモアで芝居を作っていました。演じている私たちは、その国々によってウケるところが違うのも面白かったです。フランス、アメリカ、スペイン、日本、ロシアと廻りましたが、アメリカ人は最初から最後まで笑っていて、私たちは、「ここ、そんなに楽しいところじゃないよ」って言いたいくらい、ずっと笑っていました。スペインでは、笑うところがロシアと同じだったし、日本では《ランスへの旅》で盛り上がっていた。プロコフィエフでは、私たちの感覚と逆のリアクションがありました。やはり文化的な違いがあるなと実感しました。研修所でこのような体験ができたので、良かったと思います。

　やはり、オペラの中身をどのように見せるか、そのエッセンスをどのように伝えるか、決して笑わせることが目標ではありませんが、ドラマ（悲劇）は演じやすいけれどコメディーは難しいということも実感しました。その作品の中にあるユーモアをきちんと届けることは難しいのですが、私にとって良い勉強になりましたし、演出家は楽しそうだなと感じました。指揮者は怖い、演出家は楽しい、そんなイメージが定着しました。

2. ドイツから日本へ

●キャリアを求めドイツへ

マリインスキー研修所を辞めた後、海外留学することを前提に、1年くらい伯父と勉強しました。最初は、ドイツではなく、歌手としてチャンスがあるのはアメリカかなとも思って、ドイツとアメリカ、両方のエージェントにプロフィールや録音を送っていました。

ここでもエージェントとのやりとりで良い経験をしました。ドイツのエージェントは難しそうだったのですが、最終的に、サンフランシスコのメローラオペラスタジオは、合格できそうな雰囲気でした。ただ、同時にライプツィヒのメンデルスゾーン・バルトルディ音楽演劇大学（以下「ライプツィヒ音楽大学」）の入学試験も受けていて、どちらかを選択しなければいけなくなりました。エージェントとやりとりしていると、もしオペラ

ライプツィヒのコンサートで（2009年）

スタジオに入ったとしても、今後私のキャリア（学歴）が課題となることが理解できました。国立音楽院は3年まで在籍しましたが卒業していないこと、マリインスキー研修所はあくまで歌劇場のオペラスタジオなので、キャリアには直結しないといったことが今後必ずネックになることが分かりました。どんな時にもプロフィールが参照されるので、音楽大学卒業のキャリアがないと、落とされる可能性が高いということを教えられたわけです。そこで将来のことを考えたあげく、ドイツの方がサンクト・ペテルブルクから近いし、オペラスタジオに入っても1年で修了だし、というわけで、２００９年4月にライプツィヒ音楽大学に進学し、２０１３年に卒業しました。

　ライプツィヒ音楽大学の受験では、やりとりしていたエージェントの友人の先生にレッスンしてもらっていました。でも入学試験では、声楽部長のオーディションを受けなければいけませんでした。ジャネット・ファヴァロ＝ロイター先生は、ライプツィヒ音楽大学に入学したら、自分のクラスに入れますよ、と言ってくださり、それで私はロイター先生に習うことになったんです。この受験はいろいろな意味でラッキーでした。私は国立音楽院を3年で辞めていたためドイツの音楽大学でも3年次に編入学できたのです。その後システムが変更になったので、もし2年後だったらまた1年生からスタートしなければいけないところでした。ちなみにライプツィヒ音楽大学では最初からバリトンでした。

●ドイツで人生を学ぶ

ドイツでは、音楽もさることながら、人生を学びました。27歳まで自宅で過ごしましたので、私はまるで子どもでした。同じ町に親と住んで、困ったと思ったらすぐに誰かが助けてくれたからです。でも、ドイツでの一人暮らしでは、何も知らない、何もできない。例えば、アパートを借りるための銀行口座開設のやり方が分からない。誰に何を聞けばいいか分からないし、最初は何をやっても全部間違えていました。だから最初の半年くら

ライプツィヒ市街のパノラマ（2011年）

いはすごく辛かったです。ロシアの大学とドイツの大学の教え方が違いました。外国語で習うことも初めてでした。最初の頃は、アパートに帰って「もう明日、サンクト・ペテルブルクに帰ろう」と毎日思っていました。「寝て、朝起きて、嫌だったら明日、ロシアに帰ろう」という毎日を繰り返しながら、少しずつ進んでいったのです。

ライプツィヒのトーマス教会(2013年)

私は、スペイン語もイタリア語も英語も話せたし、マリインスキー歌劇場という素晴らしいオペラの研修所に入っていましたので、自分の語学力は問題ないと思っていました。しかし、ドイツに引っ越してみると、みんな外国語の三つ四つくらい話せるし、みんな私より歌もずっと上手。あーだめだ、また最初から勉強しなければと思いました。またロシアでは、世界のレベルが分からなかったです。ドイツに来たら、ロシアより世界的な歌手が来るし、オーケストラはずっと有名で素晴らしかったのです。自分のレベルが低いことにすごくショックを受けたけど、また頑張らなきゃいけないと思うと、かえってやる気が出ました。

最初の半年は苦しかったけど、ドイツ語も歌も、少しずつ良くなっていきました。もちろん、わからないことがいっぱいありましたが、全然違う世界にいることだけでも大変なことだったたし、またこの半年頑張ってここまでこれたことが自分の自信になりました。どこへ行っても一人でできると。子どもの頃に父から「あなたは、助けてもらうことを望んではいけない。一人で生きるのだから自分で頑張るしかない」と言われていたことを思い出しました。辛いけど自分自身で努力していくしかないのかなと。

●生活ルールが決まっているドイツ

ドイツでは先生方の音楽の教育のレベルが高いと感じました。ロシアはソ連時代に外の世界から離れていたからか、音楽教育が少し遅れていたと思います。

ドイツでは、ドイツ語という母国語の歌であっても、演奏するための発音を細かいところまで習います。これはすごく深いものだなと思いました。私は、ドイツ語そのものは話せましたが、ドイツ人も歌を演奏するための発音を徹底して勉強します。私たちは毎週90分、先生と一緒に、自分のテキストや歌詞の内容をチェックしました。これは、ロシアと全く違う、毎回ちゃんと準備して頑張らないといけないと痛感しました。それから、ロシアであなたは声が綺麗だと言われました。しかし、ドイツではみんな声が綺麗でした。先生からも、あなたは素晴らしい楽器を持っているけれど、ちゃんと弾けるようにしなければいけないよと、繰り返し教えられました。

ロシアでは外国に出るときは毎回ビザが必要で、頻繁に外国に行くことは難しいのですが、ドイツでは、学生ビザをもらってヨーロッパのどこにでも行くことができます。フランス、イタリア、スイスなどいろいろな国々に出かけて、劇場の演奏を聴いたり、いろいろな先生にレッスンしてもらったり、とても勉強になりました。

勉強は、授業だけでは不十分です。理論だけでなく、発声は筋肉のコーディネートですから、毎日の積み重ねが大事です。それはスポーツと同じ。ある時、3週間ほどヨーロッパを旅行したのですが、ホテルを泊まり歩いていたので、発声ができない日が続きました。それで、ライプツィヒに戻った後、じゃあ歌おうと思ったけど、思うように歌えない。身体が発声を忘れていたからです。数日かかって元の状態に戻りましたが、本当に怖い思いをしました。先生のレッスンでこの話をしたら、「あなたはバカだから。1週間以上休んじゃダメよ」と叱られました。だから、今も私は、毎日必ず発声練習や呼吸の練習をしています。

ドイツはとても住みやすい国です。最初は生活習慣も違うので、慣れるのに苦労しました。住んでみたら、ルールがきちんと決まっているので、そのルールに従っていれば問題ない。これもロシアと違うところです。

●パリのミルフィーユ・ツアー

パリでは、不思議な経験をしました。たまにデ・ジャ・ヴがあったり、行ったことがない道を歩きながら、そこを曲がると教会がある気がして曲がったら本当にあったりするのです。また、夢の中で行ったことがない街が出てきて、ここはパリだと思ったりなんていうことがありました。パリは美しい街ですし、行きたいところは毎回たくさんありますけど、長くいると疲れます。パリは私にとって、ちょっと厳しい感じの街ですね。

そういえば、一度パリで「ミルフィーユ・ツアー」をしたことがありました。「ミルフィーユの美味しい店10店」のリストを見つけて、パリならきっと子どもの頃に大好きだったあの味に出会えると思ってミルフィーユを探すためにパリへ行きました。リストの中から4店を見つけて食べてみましたが、なかなか私が思うミルフィーユに出会えませんでした。どの店もそれなりに美味しかったけれど、私が探していた味のミルフィーユではなかった。でも、２０１６年に、コンサートで奈良に行ったとき、リハーサルまで時間があったので、コーヒーを飲もうと思って入った小さな店に、ミルフィーユがありました。試しに食べてみたら私が探していた味はコレだ、と。私が子どもの頃から知っている世界一美味しいミルフィーユはパリではなく、奈良にあった、パリに行かなくても良かったんだ、と思いました。

　イタリアも美しい国で、何回か行きました。私が行ったところが田舎だからかもしれないけれど、コインロッカーが壊れていて使えなかったり、バスでは説明したところと違うところで降ろされそうになったり、ホテルではダブルブッキングされたり……そんな思い出ばかり（笑）。でも、イタリアはオペラの故郷だし、大きい街は違うと思うので、機会があったら訪れて私の中のイタリアのイメージを変えたいと思っています。

　ドイツでは、私が住んでいたライプツィヒは19世紀の終わりごろまでドイツの一番大きな駅だったので、ここからドイツ国内にはどこにでも行けますし、ヨーロッパのほとんどの国の首都にも行けます。だから、私は週末に時間があれば、ドイツの各地へ旅行やコンサートに出かけていました。

●フィリップ・モル先生

ライプツィヒ音楽大学では、ピアノのフィリップ・モル先生との出逢いが大きいです。先生は、ジェシー・ノーマンとか世界の有名な声楽家の伴奏者でした。ライプツィヒ音楽大学では、声楽伴奏のピアノの指導をされていました。世界的なピアノ伴奏者として有名な方だし、私たちは上手にならないと彼のレッスンに送ってもらえなかったです。そのため、レッスンではすごく緊張しました。あの世界的なピアニストにレッスンしてもらう、と思うと怖くなってしまう。でも、先生は、すごく優しい人で、しかも音楽に詳しいのです。ドイツや世界の歌曲に関しては、彼より詳しい音楽家に私は会ったことがないです。私は、名前を聞いたことのない作曲家の素晴らしい作品を、先生に初めて紹介してもらいました。モル先生は、歌曲の深さを理解されていました。彼のレッスンは、発声のことは全く指摘しません。でも、フレージングやそのフレーズの中での言葉の構成とか、伴奏のコードとかをしっかりと教えてくれました。彼の教えで、フレージングの大切さなどを初めて理解しました。そして、歌曲は声とピアノの双方が大切だということも学びました。例えば、ドイツ歌曲やラフマニノフの歌曲などは、歌がなくてもピアノだけで充分綺麗です。でも、歌とピアノが両方ともしっかり主張しなければいけません。歌曲を準備する時に、歌い手がテキストを理解することはもちろん、ピアノはどのような音楽になっているかも理解しないといけません。また、彼は、この曲はこんなイメージですよ、このテキストはこの詩人が自分の人生の中でこんなところで作ったよ、と楽曲の背景も教えてくれました。楽譜に書いてあることを深く理解しないといけないと教えられました。

　モル先生は、世界的な声楽家とたくさん仕事をされているので、私のような学生の下手な歌を聴かせるのは申し訳ないし、可哀想だと思っていました。一度、先生にそのことを話したら、「私は教師として、一回もそのようなことは思ったこともないし、そんな感じで聴かなかったよ。私は皆さんよりちょっと長く音楽をやっているから、まだ皆さんが知らないことを知っている、それを紹介するだけだよ」とおっしゃった。本当に優しくて素晴らしい先生です。

　ライプツィヒ音楽大学では、先生方が70歳でリタイアというルールがありました。だけど、素晴らしい先生だし、同じレベルの先生が世界にいないので、学生たちが皆で学長あてに、ぜひ継続して教えてほしいと手紙を書きました。その効果があって、後任の先生が見つかるまで、2年間くらい継続して教えてもらうことができました。モル先生は、大学を辞めた後も、世界中で伴奏の仕事をされていますが、先生の奥さまが日本人ということもあってたまに来日されるので、一年に一回くらい先生にお会いしています。

●歌曲はオペラより「下」ではない

ライプツィヒ音楽大学では、シューベルトやR・シュトラウスの歌曲をたくさん歌いました。なぜかというと、モル先生にピアノを習っていた友人が、シュトラウスのレパートリーを作らなければいけないという事情もあったので、友人にあわせていろいろな曲を歌いました。そしてマーラーの歌曲も歌いました。私は、マーラーよりシュトラウスの方がずっと好きでしたし、マーラーの歌曲はあまり知りませんでしたが、そのようなレッスンを通じて、見方が広がりました。あとは、先生のおかげでフィンジというイギリス人の歌曲を初めて聴いて、現代音楽だけど綺麗で素晴らしい。そんな初めての作曲家との出逢いも忘れられません。

あとライプツィヒで実感したことは、ピアノのことです。ライプツィヒ音楽大学では、歌の伴奏と楽器の伴奏をするピアニストは、専門的に分かれています。そのため、自分がどちらのピアノを弾きたいのかを選んで勉強しなければいけません。同じことは声楽にも言えます。オペラを専門にやりたい人たちはその勉強を、オラトリオやミサを歌いたい人たちはその勉強という具合に。だからオペラ歌手になるか、コンサート歌手になるか、勉強する内容が違っている。しかし、歌曲はどちらのコースでも勉強しなければいけない。歌曲はオペラより「下」ではなくて、特別なジャンルと強く教えられるので、きちんと勉強しなければいけません。それは、ドイツに行って初めて教えられたことでした。

●オペラより難しい歌曲

それまでは、オペラが歌えない人が歌うのが歌曲のように思っていましたが、そんな生やさしいものじゃない。オペラは何時間もかけてじっくりと物語を展開して、アリアでひとつの気持ちを、レチタティーヴォでひとつのストーリーを伝えていきますが、歌曲は数分の短い時間で曲の世界を作らないといけない。歌曲集だったら、例えば《冬の旅》だったらもちろん24曲ある、全体の世界もありますが、一つひとつの曲の意味も深い。だからこの短い時間できちんとお客さんに伝えることがオペラより難しい。オペラは、最初は声があまり出なくても、最後には温まってきてちゃんと出すことができます。アリアは、何曲かあるので最初で失敗しても後があります。でも、歌曲はこの2分がつまらなかったらお客さんはもう聴きません。つまらなかったら終わりです。だから緊張感を持って音楽を作らないといけないのです。
あと、歌曲は、なぜこの曲を歌うのか、この曲の素晴らしい所は何か、ということを演奏で伝えなければいけません。演奏しながら人に伝えないといけない。それも歌曲のレッスンで初めて理解しました。アリアは一つの気持ちしかないのです。アリアでこの気持ちをちゃんと伝える。歌曲では、この短い時間でいろいろな気持ち、いろいろなものが入っているから、それもちゃんと自分の中で作らないといけない。だから、歌曲はオペラより難しいかもしれません。オペラは指揮者、演出家、いろいろな人に助けてもらうけれど、歌曲は自分自身が頑張らないといけないものですから。

モル先生のレッスンで、彼が、ピアニストとして細かくコードを一つずつ説明すること、コードずつフレージングを解明して演奏していることを初めて体験しました。それで、ああ、このような準備は最低限必要なのだな、と初めて分かり、現在でも気をつけています。だからこそ、私は日本歌曲は絶対に誰かに習わなければいけないとずっと思っていました。その信念は、このライプツィヒ音楽大学での教えによるものだと思っています。日本歌曲は、私にとって母国語ではない音楽だし、ある意味でドイツ歌曲より難しい。なので絶対誰かに習わなければいけない音楽でした。

ドイツではこんな気付きもありました。

私の兄が初めてライプツィヒに来て、教会のオルガンでバッハを聴いた時のことです。彼は教会のオルガンを聴いて、すぐ逃げだしました。オルガンの音が響きすぎてびっくりしただけでなく、自分の体にも響きが伝わってきて怖くなったと言いました。その後、兄はいろいろなクラシック音楽を聴きましたが、バッハは好きだけれど、モーツアルトはあまり好きじゃないと言いました。私はモーツァルトが大好きなので、なぜ？と聞くと、モーツァルトは明るい曲にも悲しいものを感じるから、聴くと悲しくなると言いました。作曲家の人生も何も知らない兄の言葉に、私ははっとさせられました。

●テノールからバリトンへ

国立音楽院で勉強していた頃は、ワーグナーの《ローエングリン》のアリア〈グラールの物語〉が一番好きでした。自分でも歌いたいと思っていたし、一番感動した曲です。テノールのアリアはかっこいいですね。だからこそテノールになりたかった。テノールは、声だけではなく、キャラクターとしてパッションがないと、一流のテノールになれない。私には無いものです。私は、歌うテクニックを持っていない時にテノールで頑張っていたので、身体でその感覚を覚えてしまった。でも、音楽の基礎を学ぶ時期にテノールで試行錯誤したことが、今に生きているように思います。何よりバリトンのレパートリーを壊さなかったことが大きいです。テノールへの憧れは、最初に強い印象を受けた、ドミンゴとカレーラスのことがあるかもしれません。

　私は、ライプツィヒ音楽大学を4年で卒業して大学院に行きました。２０１５年に卒業するはずでしたが、マリインスキー歌劇場の公演で来日して以来、日本に惹かれて、２０１３年に初めて半年間、日本で過ごし、２０１４年に9カ月間日本に滞在しました。そのような経緯もあり、いずれ日本に住みたいと思うようになりました。それで、２０１５年にライプツィヒに戻った時に、先生に大学院を辞めて日本に行きます、と言いました。先生は、「あなたは2年前から日本に行ったりして、ほとんどドイツに

ドイツ、バート・ヘルスフェルト音楽祭
《ドン・ジョヴァンニ》(2012年)

いなかった。だから、チャンスがあれば日本に行くと分かっていたよ」と言われました。

こうして、日本に来ることになったわけです。

●「下手な歌手になるな」

マリインスキー歌劇場の研修生になった後、私の最初のリサイタルを伯父が聴きに来た時に、「何で無理だって思ったのかな？　私はマリインスキー研修所に入学したよ」と言ったら、「普通の人より10倍くらい頑張らないといい歌手になれないと思っていた。でも頑張り続ける人だったら成し遂げるのだね」と。でも、その後も伯父からは「下手な歌手はたくさんいる。その一人になるなよ」とも言われました。私は、自分の決意で声楽の道に入ったので、素晴らしい歌い手になるには努力し、勉強し続けなければいけないと思っています。声楽は、声変わりが終わってある程度年齢が経過しないと、本当に歌えるかどうか分からないですね。それから楽理も、声楽のテクニックも、語学も勉強しないといけない。これは器楽の方と違うところでしょうね。私は、18歳で初めて声楽家を目指したので、全てのことが最初から出遅れている。それが分かっているので、常に誰かのレッスンを受けて勉強しています。自分の録音を聞くたびに、まだ完璧ではないことを実感します。もっと頑張らなきゃいけない。

コーロソヴァ先生に、「あなたはいつも一番良い先生に会えるよ」と言われたことがあります。その時はよく理解できなかったけれど、今にして思えば、いつも必要な時に、正しい先生にめぐり合いました。それはすごくラッキーなことです。そして自分のどこが問題で課題があるか理解していないと、素晴らしい先生に会っても、応用できません。自分がこれを勉強したいとか、これをもっと向上させたいと思ったら、すぐ先生にめぐり合います。良いタイミングで良い先生に出逢いました。やっぱり人生はタイミングの問題ですね。もしかしたら才能は10%くらいかもしれない。才能10%、努力40%、運が50%だから。

3. 日本への道程

●日本との接点となった福間洸太朗さんと裕子さん

初めての来日は、２００８年です。ロッシーニ《ランスへの旅》と、プロコフィエフの《三つのオレンジへの恋》という演目によるマリインスキー歌劇場日本公演でした。私は、研修所の生徒で、アンサンブルメンバーとして出演しました。日本のことは、それまで何も知らず、興味ももっていませんでした。でも、この初来日で、日本のとりこになってしまったわけですから、自分でも不思議な縁を感じます。

ライプツィヒ音楽大学を卒業した後、ロシアに帰るという意識はありませんでした。私は2008年に、マリインスキー歌劇場公演で初めて日本に来ましたが、ずっと日本に行きたい、夢でも日本に行きたいと思っていたので。でも、どうやって日本に行けばよいか分かりませんでした。しかし、ドイツでピアニストの福間洸太朗さん（以下「洸太朗さん」）と知り合うことができて、日本への架け橋になってもらいました。これって、すごい縁とタイミングですよね。洸太朗さんに会えなかったらこのような形で日本に来ることはできなかった。それは洸太朗さんにとってもタイミングが良く、ちょうど彼がロシア音楽の作品に取り組んでいて、ロシア文化に興味があって、ロシアに行きたがっていたけれど、当時は招待状がないとビザが発給されませんでした。それで、私の父が招待状を書いて、その招待状で洸太朗さんがサンクト・ペテルブルクへ行くことになったのです。ロシアに行ったことで、彼のチャイコフスキーやラフマニノフの音楽も変わったのではないかと思います。さらに次の年に、洸太朗さんのお母さまの福間裕子さん（以下「福間さん」）がドイツにいらして、初めて私と知り合い、「あなたは洸太朗をロシアに連れて行ってくれたから、今度は私があなたを日本に招待しますよ」と言ってくれて、２０１０年12月にようやく来日できました。２００8年に初めて来日して、直感的に日本に住みたいと思っていましたので、２０１０年に2週間、東京と京都、奈良をめぐりました。奈良では、初めて神社に行っておみくじを引いたら大吉だった。よかったね、とすごく盛り上がったのが一番の思い出です。この2週間の滞在で、日本に住みたいという思いを確信したので、ライプツィヒ音楽大学を出たらなんとしても日本に行きたいと思うようになりました。

三回目の来日は２０１１年で、翌２０１２年も3週間くらい滞在しました。その頃にいろいろな人から、「あなたは日本のことを分かっていないから好きだと思っているのでは？　住んでみたら違うよ」と言われました。でも、初来日から十年、日本に住んで六年目に入りましたが、住めば住むほど日本が好きです。

●前世からの日本との縁

なぜここまで日本に魅了されたのか、私にもよく分かりません。初めて来日した時に、成田空港に降り立った瞬間、心の底から、「ああ私はここに戻ってきたんだ」と思いました。本当にそう感じていた。一度、前世を見てもらったことがありますが、「あなたは、静岡に住んでいたよ」と言われて、納得しました。絶対そうだと。別にどうしても日本に行かなければいけない事情もなかった、ドイツでもいろいろなところで演奏活動ができていたし。でも日本にいるだけで幸せです。

　そう思うと、縁とは不思議で面白いですね。歌がなければマリインスキーに入らなかった。マリインスキーに入らなかったら日本に来なかった。マリインスキーを辞めてドイツに行ったら洸太朗さんに会って、来日の機会を頂いた。全部一つひとつつながっていますね。それはとても面白い。自分でも不思議です。タイミングと縁を強く感じます。国立音楽院でコーロソヴァ先生と出逢ったタイミングや音楽の道に入るための準備、マリインスキー研修所での演出家と出逢ったタイミング。つかみきれなかったチャンスなど失ったものもありましたが、それを糧に次のチャンスを確実に自分のものにすることは、チャンスを逸しないという感覚を養うことにもなります。そのためには、縁から得たものが大切です。そして、次に向けてチャレンジするということも必要でしょう。ロシア、ドイツ、そして日本というそれぞれのタイミングと縁を、改めて感じます。

　私は、学校の音楽の授業で世界のうたを少し聴いていました。日本だと〈さくらさくら〉です。それが一番有名で、日本の情緒が感じられるので一番知られているのかもしれません。日本人の作曲家のことは知らなかったですし、日本に来るまで、歌曲や流行歌などの音楽があると意識していませんでした。〈さくらさくら〉で以上終了、でしたね。でも日本人の演奏家が素晴らしい、センスがよいなと感じたのは、サンクト・ペテルブルクで開催されているオブラスツォワ国際コンクールで、私が来日する前の２００７年か08年頃に、一人の日本人のソプラノがラフマニノフの歌曲を演奏したのを聴いて、日本人だけどちゃんとロシアの音楽を歌える、すごいと思ったことがあります。

●世界で一番難しい言語

来日するまで、日本語は全くできませんでした。２００８年に来日して、どの店に入っても何も分からない。最近でこそ観光客のために、駅の案内など四カ国語になっていますが、10年前は少し違っていましたね。大きい店でも英語のできるスタッフが少なかったと思います。だから、何も買えないし、ご飯も食べられない。どうしよう、とみんな困りました。でも、電車内でも道を歩いていても、日本語を聞いて、ああ美しい言葉だなと思って。それでロシアに帰国してから、日本に魅せられて、日本に行きたいという夢ができたので、いつ行けるか分からないけど、言語を準備しようと思って、日本語の教科書を買いました。本の最初のページに、「あなたは世界で一番難しい言語の勉強を始める」、と書いてあって、やる気がそがれました。だけど、好きだからとりあえず頑張ってみようと思い、ひらがな・カタカナを全部勉強しました。そして漢字に入ったのですが、簡単な字は大丈夫でしたが、難しい字になると違いが分からない。例えば、「皿」と「血」のように、たったひとつの点で意味が違っているのを目の当たりにして、やっぱり難しいなと思いました。

●住み込みで日本語をたたきこむ

その頃は、マリインスキー研修所を辞めて、ドイツに留学したタイミングでしたので、同時に二つの言語を勉強するのは難しかった。まずはドイツ語を早くマスターしなければならなかったので、日本語学習は中断しました。２０１２年に、活動の拠点を日本にしようと決めたので、そうなると語学力が必要ですよね。通訳してもらうと、それだけでもいろいろな人に迷惑をかけますし、第一、面倒くさいでしょ。最低でも通訳を必要としないレベルの語学力を持たなければと思いました。それで、２０１３年に3カ月滞在した時から、福間さんのお宅に泊めてもらい、福間裕子さんに、もう一度ひらがな・カタカナから始めて、漢字を教えてもらいました。２０１４年の夏は半年日本に滞在しましたので、その時は、福間さんと相談して日本語だけで生活してみようと決心して、朝から晩まで日本語だけ。自分で宣言して日本語オンリーの生活にしたのですが、最初は難しくて、分からない単語をすぐ英語で話してしまったり。福間さんにも友人にも、間違った日本語を話したら、その場で直してくださいとお願いしていました。一度間違えたまま覚えていたら、後で直すのは大変です。日本語学校には行かなかったけれど、周りに先生がたくさんいましたので、だんだん話せるようになりました。

●夢が叶った今

私がなぜここまで日本に惹かれるのか、うまく説明できません。でも、一つ思うのは、ロシア生まれの私は、メンタリティーがヨーロッパ人より日本人に近いと思います。私は「美しさ」を大事にします。日本は、「美しさ」をきちんと見る、きちんと考える文化ですね。それが一番よく分かるのは、ステージで演奏した時の客席の反応です。日本人は、涙が出るまで感動して聴いてくれる、心を開いて聴いているのです。それは、日本人の素晴らしいところだと思います。「美しさ」と言いましたが、厳密には、「美しさを見る」ということかと感じます。例えば、フランスやイタリアは「美しく作る」ことが素晴らしい。あくまで私の印象ですが、フランスなどは、自然を美しく造形していくのが特徴だと思います。でも日本は、自然の美しさを凝視して、そこからインスピレーションを受けて自分のものを美しく創る。日本独特の「美しさ」へのアプローチなのではと思います。まずそこに惹かれました。

あとは、気候です。どの国々も、その土地の気候に合わせていろいろな文化が生まれている。ロシアは、東西に大きく広がっています。日本はロシアに比べれば小さいけれど、小さいなりに南北の、北海道から沖縄までの広がりがあります。その北から南に至る地域で、それぞれの文化がある。料理など、ここまで地域のバラエティーがある国はないと思います。フランスもイタリアも、料理の種類はたくさんありますが、日本ほど地域の違いはありません。日本では、ここではあれが美味しい、あそこではこれが美味しいと、必ず地域の味覚があります。ヨーロッパでは、ここだけで食べられるという特産物がほとんどない。

文字や宗教もそうでしょう。かつて中国から漢字や仏教が日本に入ってきた。導入したものをそのままではなく、自分の生活に合わせて、自分の言葉や宗教にしている。外からコンセプトをもらって、エッセンスを抽出して、よい所を生かし、直しながら日本の文化や考え方を創り上げている。この柔軟性は、日本人の特徴でしょう。日本では、頭ごなしにこれはダメとか、私のものじゃないからダメということはないですね。世界を見渡してみても、イスラム教も、キリスト教も、ロシア正教だって、自分は正しいけど他を認めない。だから世界が誤った方向に行きかけている。

　私のイメージでしかありませんが、柔軟性を持って、よいもの、応用できるものは許容して、自分のものとして受け入れていく。その日本の姿勢はすごいことだと思います。日本は、文化も気候も、特別な国のように感じています。

　改めて、日本を拠点に据えるまでの経緯を振り返ると、タイミングやチャンス、縁、そのための準備などを実感します。音楽に注力したいと思った18歳から、国立音楽院へ行くための準備や先生との縁、国立音楽院での学び、マリインスキー研修所での学びと日本との出逢い、ライプツィヒ音楽大学での先生との出逢いや学び、そして来日と日本への拠点の移動という一連の流れが、出逢いと縁でつながっていることを実感します。

　活動の拠点を日本に置いている現在ですが、日本に住み続けたい、日本で暮らしたいという「夢」を抱いて、今その「夢」がかなえられたのですから、次の段階は、自分の人生は日本にあることを感じながら、日本に根を張って頑張っていくことだと思っています。

Ⅱ・来日後の足跡

1．日本での第一歩

●カレーラスが歌う「川の流れのように」

　ちょうど、マリインスキー研修所を辞めて、ドイツに引っ越した頃だったように思いますが、たまたまカレーラスが、ＣＤ「世界を歌う」のプロモーションコンサートの番組に出演していたテレビ番組を観ていたのです。そこで彼が美空ひばりさんの〈川の流れのように〉を歌っていました。すごく美しくて、言葉が綺麗な音楽だなと思いましたが、テレビのカレーラスも頑張って演奏していたけれど、本当の日本語ではない。ぜひオリジナルで聴いてみたいと思ってインターネットで調べてみたら、美空ひばりさんの楽曲でした。〈川の流れのように〉は、メロディーも美しい音楽で、何よりひばりさん自身の人生を歌いこんでいる音楽なので、日本語が分からなくても気持ちが伝わってくる歌です。オリジナルの演奏は、彼女の全盛期の声ではないかもしれませんが、思いが込められた演奏と感じます。何か不思議な魔力のようなものが感じられる。

　彼女の演奏は、次も聴きたい、もっと聴きたいと思わせる、長く聴いていたくなる音楽です。自分の中でも、聴いている人に対しても、彼女のストーリーを語っている、そんな音楽だと思います。もちろん歌詞が理解できれば深く伝わりますが、日本語が分からなくても何かを語っている、最後まで続いているということが分かる演奏です。それがなによりも素晴らしいと思います。このような美空ひばりさんの「うた」は、ぜひ若い人たちにも聴いて感じてほしいですね。

●美空ひばりに導かれて

そのようなきっかけで、素敵な曲だけれど、日本語もできないし、まだ私にはとても演奏できない。でも非常に興味を持って、美空ひばりさんのＣＤを買い漁りました。美空ひばりさんの素晴らしいところは、ジャンルを問わず何でも歌えるところです。ジャズでもポップスでも演歌でもクラシックでも。彼女がさまざまな曲を録音していたおかげで、私は日本歌曲に巡り合いました。〈荒城の月〉、〈赤とんぼ〉〈からたちの花〉といった山田耕筰の作品、〈出船〉などは、美空ひばりさんのＣＤを聴いて初めて知りました。それまでは日本歌曲は全く知らなかったので、日本歌曲に巡り合い、目覚めたのも美空ひばりさんのおかげです。

美空ひばりさんのファンになって、YouTubeの映像を片っ端から見たし、来日した時は、浅草のブロマイド店で写真を買ったり、ＣＤを買って、彼女の全てを知るようにしていました。そして日本に拠点を移してからは、京都の嵐山の美空ひばり記念館、ひばりさんの生れ育った横浜でのゆかりの場所、そして青葉台の美空ひばり記念館など、自分の足でゆっくり訪れることができて、感無量です。

買ったＣＤを聴いてみて、そこで気に入った曲があれば、銀座のヤマハで楽譜を買って家でじっくり弾いて歌ってみたりしていました。美空ひばりさんに導かれて、日本歌曲を知り、『日本歌曲名歌集（原調版）』（音楽の友社編）を購入して興味を持ったのです。でも先生について教えてもらわないとレベルアップしていかない。そんな時期の２０１３年に来日して、また素晴らしい縁を持つことになるのです。

日本に興味を持ち、マリインスキー研修所を辞めて、ドイツに留学というタイミングは、まさに〈川の流れのように〉そのものです。「地図さえない人生」は、そのまま当時の私の姿です。

コラム(2)

「歌曲」を歌う美空ひばり

美空ひばりの生涯を俯《ふ》瞰《かん》してみると、音楽評論家・園部三郎の「彼女は、浪花節調から、民謡調、ジャズ調とすべてを器用にこなしたし、声の質も曲種によって変化させた」という指摘が本質を突いている。[1] ひばりが、民謡、浪曲のフシ、ジャズやブルース、タンゴ、晩年のJ-POP、山田耕筰作品に代表される日本歌曲など、さまざまなスタイルの曲調を、言葉を確実に刻みながら演奏したことは自明のことだが、その演奏への対峙は、まさに「歌曲」のありようを問うものと思える。

ひばりは自身の演奏感について、次のように明言している。[2]

「歌をうたうときのわたしが一番気をつかうのはことばです。まず詩に乗っちゃうことが大切なことで、よく読んで、その詩のこころをつかむようにいっしょうけんめいに感じ

1 園部三郎『日本民衆歌謡史考』(朝日選書、１９８０年)１９２ページ

2 美空ひばり『ひばり自伝』(草思社、１９８９年新装版)２５５ページ

ようといたします。それがわかってしまえば、歌の中にスムーズに入っていけます。そして、次に考えることは、この詩のうち、どこの部分にポイントをおいて、皆さまのお耳にぐっとお聞かせしようかということです。その一か所のことばがメロディーとぴったり呼吸が合っていると、ヒットへつながっていくということなのでしょう。メロディーと歌詞がうまく合わなくて字余りなどになったりする時には、おねがいして直していただきます」

この認識は生涯にわたり不変で、作家・五木寛之との対談でも

「五木：それからあなたの歌う日本語は、すばらしく明確で、わからない歌詞は一語たりともないですね。これは大変なことだと思いますよ。

美空：そうですか。いえ、本当は私が心の中でいちばん大事にしていることを今、言っていただいて、とても嬉しいです」

と述べている。[3] 詩の言葉やメッセージを意識して読み込み、消化し、心に留めて主張することが、ひばりの演奏に向き合うスタンスだった。そのスタンスは、並外れた天性の「うた」の才能と直結していた。山折哲雄の指摘もまたこの点を補完する。[4]

「『週刊朝日』での対談で、神津善行はこういっている。――先日、ある著名な人物に「歌手で誰が上手で好きか」と質問され、とっさに、一番が美空ひばりで二番がマリア・カ

ラスだ、と答えた——。二番にマリア・カラスをもってきたところに、神津のひばり礼賛の真情と茶目っ気がよくあらわれている。が、神津のいうことは、もちろんハッタリではなかった。かれによると、外国に行き、日本のいろんな分野の歌手のレコードを無差別にきかせると、音楽家は九〇パーセント美空ひばりに興味をもつ。それというのも、ひばりの歌が「感情を表現する」ことにおいて群を抜いているからだ、というのである」

マリア・カラスとの比較や日本語を母国語としない外国人のひばりへの意識は、ひばりが、詩の言葉を音楽に一体化させて表現するスタンスを生涯にわたり堅持し演奏していたからこそ導かれた結論であり、共通認識なのではなかろうか。その意味では、美空ひばりは、言葉を歌う「歌曲」の真髄を体現した演奏家だった。

3　対談五木寛之vs美空ひばり「よろこびの歌かなしみの歌」（『美空ひばり公式データブック』角川書店、２０１１年）１５４ページ

4　山折哲雄『美空ひばりと日本人〈増補版〉』（現代書館、２００１年）22ページ

●初めての日本での演奏

日本で最初に演奏したのは、２０１０年12月に洸太朗さんの母校の国分寺市立第四小学校で開催した「福間洸太朗&ヴィタリ・ユシュマノフ デュオリサイタル 音楽で巡る世界旅行」という小さなコンサートでした。私は彼の伴奏でR・シュトラウス、ラフマニノフ、シューベルト、アダム、トスティを演奏した後に、〈荒城の月〉を演奏しました。このコンサートが日本のお客さまの前で歌った最初の体験でした。

洸太朗さんは自分の母校での演奏なので、あまり緊張していなかったと思いますが、私は、初めての日本の皆さんの前での演奏でしたし、日本語の歌を演奏することもあって、歌詞を間違えてはいけないなどいろいろなプレッシャーで、とても緊張しました。でもこれで国分寺との縁ができて、日本での活動が広がっていくきっかけとなりましたので、印象に残っています。

●国分寺の皆さんと

この「デュオリサイタル」の主催は、国分寺で国際交流などの活動をされている増田加代子さんで、その後も国分寺市立いずみホールでのチャリティコンサートなどいろいろな企画で歌う機会をもらいました。増田さんに声楽家の釘本涼子先生を紹介していただいたのですが、釘本先生には、彼女が主宰しているグループなどのコンサートで演奏する機会をいただきました。ちなみに〈落葉松〉は釘本先生の紹介で知りました。また、合唱指揮者の市瀬寿子先生、彼女は素晴らしい音楽家で、ご自身が指揮される公演でもたくさん演奏させていただき、モーツァルトの《戴冠ミサ》など演奏できたのは市瀬先生のおかげです。国分寺在住の皆さんが活動の輪を広げてくださったわけです。

２０１３年に活動拠点を日本に置くことを決めて来日することになりますが、福間さん親子との縁で、来日当初から国分寺に住むことになります。最初に生活した国分寺の皆さんには、たくさんサポートしていただき、そのベースがなければ今の私はないと思っています。その時のご縁で、現在に至るまで私を応援していただいているのは、有難いことです。私にとって「国分寺が地元」という感覚で、日本での活動がスタートしました。

2. 日本での出逢い

●畑儀文先生

購入した『日本歌曲名歌集（原調版）』に掲載されていた曲をいろいろと見ていて、一番歌いたくなった曲が〈荒城の月〉でした。美空ひばりさんのＣＤを聴いて、〈荒城の月〉に非常に興味をもったこともあり、私も歌ってみたいな、と思うようになったのです。友人に日本語のできるテノールがいましたので、彼にドイツ語に訳してもらって歌詞の意味を把握して歌詞を覚え、日本語の発音は自分で勉強して、ドイツにいた２０１０年に録音しました。

洸太朗さんがいたベルリン芸術大学に、録音技術を習っている学生がいて、機械もきちんとしたものを使っているというので、ドイツとイタリアの歌曲も入れて、洸太朗さんに伴奏してもらって録音しました。日本人の友人に聞いてもらったらよい演奏だねと言ってくれたので、私も日本歌曲が演奏できるなと思い始めました。これはすごくラッキーな録音で、その後、私の日本での活動に重要な橋渡しをすることになります。

ドイツでは、私の同級生に日本人のピアニストのベーメさんがいました。ベーメさんは元々、関西出身だったこともあり、畑儀文先生が関わっていらっしゃる「丹波の森国際音楽祭シューベルティアーデたんば」で伴奏をされていたのですが、彼女が私に「このコンサートに興味ある？」と聞いてくれたのです。日本に興味深々だった私は、ぜひ行きたいと答えましたが、プロモーションの録音を送る必要があると言われました。でもちょうど録音は完了していたので、べーメさんを通じて畑先生にＣＤをお送りしたら、一度歌ってみたらということになりました。２０１３年７月に六甲にある立派な老人介護施設でのコンサートに出演させていただき、２００人くらいの皆さんの前で〈荒城の月〉や〈落葉松〉などを演奏しました。そうしたら、高齢者の皆さんが涙を流しながら私の歌を聴いてくれたのです。これは、畑先生が素晴らしいトークで盛り上げてくださったからだと思っています。そして、その年の11月16日に開催された「シューベルティアーデたんば２０１３」に呼んでいただき、〈荒城の月〉〈落葉松〉〈この道〉を演奏しました。

　ティアラこうとう「日本の歌」シリーズ第4弾「昭和のうた」というコンサートにも出演しました。このコンサートでも、畑先生とご一緒させていただきましたが、ここでの畑先生との再会は偶然でした。ドイツに戻っていた私に、チラシをご覧になった畑先生から「ヴィタリも出るの？」とメールが来て、私もご一緒することを知ったのです。その後も、畑先生には何回かコンサートでゲストに呼んでいただき、演奏させてもらいました。

　畑先生は、私の演奏についてああしろ、こうしろということは一切おっしゃらない。でも見ているだけで勉強になります。演奏法にしても、トークにしても。何よりピアニッシモが抜群に綺麗で、素晴らしいと思います。先生のレパートリーは幅広く、シューベルトなどのドイツ歌曲のみならず、日本歌曲や流行歌、Ｊ-ＰＯＰや子どもの歌まで素晴らしい「聴かせる演奏」をされます。畑先生が演奏すると、まるで彼のために書かれた歌のように聴こえます。それは、彼が歌詞をいつも大切に演奏するからでしょう。彼の演奏は、聴いていても、分からない単語は一つもない。ご自身が、歌詞をしっかりと理解され、その詩をとても美しく演奏されているのです。そして何より人にすごく気を使ってくださる先生です。

●塚田佳男先生

「昭和のうた」コンサートの後、畑先生が、「これから日本歌曲の最高峰の先生とリハーサルをするので、ヴィタリも一緒に来ませんか、紹介しますよ」とおっしゃいました。それで、本番を終えて、みんなで畑先生の後について行ったら、突然、畑先生が、「何か一曲歌ってみたら」と。その先生も私の声を聴いてみたいとおっしゃったので、〈荒城の月〉を歌いました。畑先生のご縁で、またひとつ重要な先生との出逢いが生まれました。塚田佳男先生です。私は、畑先生のおかげで塚田先生のレッスンを受けることになり、現在に至ります。

あの頃は、まだドイツが拠点でしたので、来日のたびに、塚田先生のレッスンを受けました。塚田先生からは、レッスンのたびに「あなたの声だったら、この曲がいいよ」とアドバイスしていただき、ドイツに戻ったら教えていただいた曲の楽譜を見て自分なりに考えて練習し、来日したらその歌い方を先生に見ていただき発音やフレージングを直してもらう、そのような展開のレッスンでした。塚田先生に日本歌曲をじっくり教えていただくことになり、自分が想像した以上に歌曲の世界観が広がりました。

私が購入した『日本歌曲集』には、最も有名な曲しか掲載されていません。子どものための曲からポップスまで全部入っている本です。塚田先生は、『日本歌曲集』には入っていないけれど、私の声に合った歌曲を紹介してくださいました。私も歌いたい曲をレッスンしていただいたことは、視野や知識の広がりという観点からも大変有意義なことでした。例えば、〈出船〉などは、私が歌いたいと先生にお願いしてレッスンしていただいたレパートリーです。先生からは、まず〈荒城の月〉をしっかり歌えるようにと指導していただきました。4番までの土井晩翠の歌詞を、その光景や物語を考えながら、一つひとつ丁寧に直していただきました。その次は、〈落葉松〉に取り組みました。

塚田先生のレッスンは、一つの曲について深く教えていただく、先生でしか成し得ないレッスンです。作曲家はなぜその曲を作曲したのか、その作曲者は誰について勉強したのか、誰と友達かといった作曲者の人物像に始まり、歌詞の言葉の内容、詩人がなぜその言葉を使っているのか、その言葉をどのような発音で歌わなければいけないかといった「詩を歌う」テクニックを丁寧に教えてくださいます。発音は厳しく、できるようになるまでレッスンします。この曲の、この音を演奏するためにはこの発音だよ、という感じで。私は日本語が母国語ではないので、どうしても外国語の発音になってしまいます。でも、それでは日本のうたは歌えないので、徹底的に直され、できるまで「合格」とおっしゃらない。顔に出して怒ることなく、愛情を込めて優しくレッスンしてくださるのですが、内容は厳しいものです。先生も、我慢して忍耐強く教えていらっしゃるのではと思いますが、一曲のレッスンでも、勿体無《もったいな》いくらいにたくさんのことを教えていただいています。安心して習うことができるので、さあ次もまた伺おう、という気持ちになるのです。そこまで思わせてくれる先生は、なかなかいらっしゃいません。

私は、最後の音を少しプッシュしてしまう癖があり、オペラではそれはあまり目立たないのですが、歌曲では致命的な欠陥になってしまうのです。また私は日本語の子音の強さも加減が分からなかったので、この二つの欠点も先生から徹底的にご指導いただきました。特に子音の処理は、私はそこまでやったらおかしいよ……と感じたりしたのですが、録音やリサイタルで演奏してみると、先生のおっしゃっていることが正しい。私のやり方では、母音だけ聴こえてなんの言葉を歌っているかわからない。子音が全く伝わらないということがよく分かりました。

先生のおかげで、日本歌曲のレパートリーが確実に広がりました。私の好みだけで決めるのではなく、先生からあなたにはこの曲がいいよ、と提案を頂き、歌うつもりはなかったけど練習してみて、自分も納得できる感じで。誰でもそうだと思いますが、自分だけで練習していると、どうしても我流になってしまいます。またそうしているのが慣れて楽なのですが、そのテクニックが身についてしまったら危ないですね。悪いところに気がつかなくなってしまいます。やはり先生にレッスンしてもらって、悪い箇所を徹底的に直してもらうことでテクニックが磨かれると思います。でも時間が経つと、忘れたり自然に以前の状態に逆戻りしていることが多いので、どんなに歌い慣れた曲でも、本番前には、もう一度塚田先生に徹底的にレッスンしていただくようにしています。何より、私は外国人のように日本語を歌いたくない、目を閉じて聴いて外国人とは分からない演奏がしたいので、塚田先生がどうしても大事なのです。

そして先生は、ピアノも素晴らしい。楽譜を読み込んだ上で、そこに先生の感性を表現されるので、どの曲もその曲の一番素敵な音を奏でている。歌曲の先生として理想的な先生だと思っています。

●日本トスティ歌曲コンクールからの広がり

日本での活動のステップアップという観点では、日本トスティ歌曲コンクールでの優勝が契機となったように思います。2回目の来日となる2010年に、東京のほか、京都と奈良にも行きました。その時に、奈良は街並みやお寺、神社などの雰囲気や空気が私にとって特別印象に残ったこともあり、また行きたいとずっと思っていたのです。福間裕子さんが、日本トスティ歌曲コンクールへの出場をアドバイスしてくれた時に、このコンクールは二次審査に進めば奈良に行けるなという思いもあり、「日本トスティ歌曲コンクール２０１５」に参加しました。

もちろんトスティの作品は大好きでしたので、それまで私が練習したトスティの作品をコンクールで演奏したかった。私は、次の審査とか優勝など、全く期待していませんでしたが、東京のイタリア文化会館アニェッリホールでの一次審査を通過した時には「やった、奈良に行ける」という思いが強かったのを覚えています。奈良の秋篠音楽堂での二次審査も通過し、最終審査に進みました。コンクールの演奏曲は一次審査だけ自分で選べるシステムで、私は最終審査で、審査員から二次審査と同じ作品を提示されました。でも、同じ曲を演奏するのに際し、どのような曲作りをすればよいのか悩みました。友人に相談したら、「あなたは行きたくて奈良に行ったのだし、最終審査まで進むことを期待していなかったけれど進むことができたのだから、皆さんへ「ありがとう」という感謝の気持ちを伝えたら」とアドバイスしてくれました。そうか、と納得して感謝の気持ちで演奏したら、優勝し特別賞も頂きました。全然期待していなかったのでびっくりでした。演奏したのは、〈マリア〉と〈さようなら〉です。福間さんは、トスティ歌曲コンクールでは、トスティの曲と日本歌曲の両方を演奏しなければいけない、という点を重視して私に出場を勧めてくれました。日本歌曲をしっかりと演奏したいと思っていた私は、優勝と特別賞を頂いて、よい経験となりました。

このコンクールで優勝すると、音楽雑誌や新聞などのメディアにも露出しますし、東京や奈良で開催されている「トスティに捧げる名曲コンサート」など、入賞者にも演奏の機会を頂けます。それらのコンサートでは、先輩の入賞者の皆さんとご一緒できることも勉強になります。日本トスティ協会のこのコンクール開催と入賞者の支援は、本当に私たち声楽家を育ててくれる真摯な活動であると思っています。このコンクールに出場したおかげで、日本トスティ協会の山口佳恵子先生と出逢いました。山口先生は、「バリトンだけれど、優しく歌ってくれたね」とおっしゃってくださいました。でも、先生は厳しいので「この曲は素敵だけど、この曲はダメね」と的確に指摘してくださいます。このような山口先生と娘さんの吉川朋子さんのお仕事は、若い演奏家をサポートし、育ててくれる貴重な活動です。しかも、コンクールでは必ず日本歌曲を演奏しなければならない。そのために、日本歌曲特別賞が授与されます。日本歌曲をきちんと歌えるように勉強させるというコンセプトは、素晴らしいことです。

コンクールは、他にも第14回東京音楽コンクール声楽部門に出場し、〈平城山《ならやま》〉を演奏して第2位を頂いたり、第52回日伊声楽コンコルソで第1位と最優秀歌曲賞を受賞しました。東京音楽コンクールで審査員だった佐藤美枝子さんと別のステージでご一緒した時に、「あの時の〈平城山〉は素晴らしかった」と私の演奏に太鼓判を押してくれて、本当に嬉しかった。これらのコンクールに出場して賞を頂きキャリアを積みましたが、その原点は、日本トスティ歌曲コンクールにあると思っています。

●五十嵐麻利江先生と市原多朗先生

トスティ歌曲コンクールは、五十嵐麻利江先生との出逢いにもつながっていきます。コンクールに出て賞を頂いたことで、後日五十嵐先生に、あなたこれを歌ったわねと言われました。２０１５年に日本に拠点を移すまで、オペラ歌手として、ロシアではロシアの音楽を、ドイツではドイツの音楽をメインに勉強しました。でもイタリア語は、発音もフレージングも細かく指導は受けなかった。そんな状況で来日して、２０１５年秋に、私はヴェルディの《ドン・カルロ》でロドリーゴ役を頂き、出演する機会がありました。それまでイタリアのオペラ作品に出演したことがなかったので、少々戸惑いもありました。その時に、ある人から、興味があればイタリア音楽のよい先生を紹介しますよと言われ、それは絶対に行かなければと思い、五十嵐先生を紹介していただきました。ロドリーゴ役のためにレッスンを受けたのですが、先生のレッスンは必要だと痛感して、その後も先生にお願いして、レッスンしていただき、現在に至っています。

　五十嵐先生は、イタリアオペラの大半を把握されているので、イタリア作品の歌曲やアリアを演奏するときは、先生と一緒に準備しています。最初の頃は、「あなたのイタリア語は、おかしいよ。ちゃんと勉強していたのに何で分からないの？」という感じで、五十嵐先生に基礎から復習していただきました。先生からは、フレージングでもテンポでも、ベッリーニとドニゼッティは同じ時代だけどスタイルが違うことを教えられました。作曲家に応じて、演奏法を変えなければいけないことは勉強になりました。ヴェルディは、また新しい時代になったし歌い方も変わりますので、ロッシーニの歌い方ではなく、ヴェルディを理解した歌い方で歌わないといけない。ヴェルディとプッチーニも全然違う。同じイタリアという国の作曲家の作品だけど、時代も作曲

アーリドラーチェのプロデュース《ドン・カルロ》(2015年)

のスタイルも違うので、それを理解して演奏しなければいけないことを、五十嵐先生に習いました。日伊声楽コンコルソも、東京音楽コンクールのイタリアのものも、全部先生のおかげで準備できました。

日伊コンコルソは、受けるつもりがありませんでした。このコンクールは年齢制限がないので、別に今年じゃなくても大丈夫だろうと考えていましたが、試しに受けてみようか、という感じで出場してみたら結果発表で自分の名前が呼ばれて、びっくりしました。練習のつもりが、第1位になってしまったのです。2位、3位の方は私より素晴らしい演奏だなと思って聴いていたし、3位がソプラノ、2位がバリトンだったので、バリトン2名の入賞はないだろうと考えていました。でも1位に私の名前がアナウンスされて、「エッ、何で私が？」という感じでした。コンクール出場まで五十嵐先生にレッスンしていただいたので、先生のおかげで賞を頂くことができた、と思っています。

声楽家はごく普通にイタリア語で歌いますが、五十嵐先生のおかげで、細かく分析すると実に難しいこと、その難しさを克服して演奏すべきことがよく理解できました。ヴェルディが歌曲を作曲していることを教えてくださったのも先生でした。作品数は多くないのですが、素晴らしい作品があるので、日伊声楽コンコルソで演奏しました。歌曲賞はその取り組みを評価していただいたのだと思っています。先生はレッスンだけでなく、昭和音楽大学で教えていらして、《ドン・カルロ》のオペラ公演がテアトロ・ジーリオ・ショウワで開催された時には、リハーサルを聴きにいらして、大丈夫よと声を掛けてくださいました。そんな優しさをお持ちの先生です。

日伊声楽コンコルソや東京音楽コンクールといえば、市原多朗先生も審査員でした。私が入賞した次の日伊声楽コンコルソは、工藤和真さんが優勝でしたが、音楽大学を卒業して大学院に入って勉強してそこまで上手になったという感じではなく、プロのオペラ歌手が歌っている感じがあったし、テクニックを持ってちゃんと音楽を作って歌っているという印象でした。きっと素晴らしい先生についているのだろうと思い、彼に連絡を取ってみたら、市原先生についていると。それで、私も市原先生のレッスンを受けてみたいと思い、五十嵐先生に相談したら、ぜひ受けなさいと言ってくださった。それで、市原先生のレッスンを受けて、今も時々、発声を見ていただいていますが、五十嵐先生の教えが市原先生にもつながっているように感じます。一人の先生にじっくり見ていただき、その一方で、違う先生に違う角度から見ていただくと、私の足りないところが見えてきます。新しい耳で聴く感じですね。

五十嵐先生と市原先生のそれぞれにレッスンをしていただくと、それぞれの練習で見えなかった私の足りない点が補完されて、非常に効果的です。一つの意見だけでなく、違う見方の意見がいつも必要だなと感じます。

3．活動の深化

●地域創造～公共ホール音楽活性化事業

私は、2016年から、一般社団法人地域創造が推進している公共ホール音楽活性化事業にも取り組みました。最初のデビューアルバムを制作した時のプロデューサーの佐藤浩士さんが薦めてくれたのがきっかけでした。最初はパンフレットを見ても、一体どのような取り組みなのか、よく分からなかった。病院とか学校でコンサートを行って交流するという意味が、よく理解できなかったのです。でも、いいプログラムだからぜひと佐藤さんに言われて、オーディションを受けてみました。私は何も考えずに、デニムとシャツを着て、気楽に出かけたら、皆さんすごくドレスアップしている上に、演奏も上手い。演奏後に審査員から簡単な質問がありましたが、まさかその場で面接があると思っていないし、どう答えるかなんて何も準備しないまま臨んだのですが、音楽を通じた子どもたちとのふれあいなどの事業を知って、ぜひやりたいと思いました。

「地域創造」は、素晴らしい活動であると思います。地方のホールを活性化するためだけでなく、必ず学校へのアウトリーチがありますので、普段、クラシック音楽に触れる機会がない子どもたちにも「こんな音楽があるよ」と見せるチャンスだと思います。

「地域創造」の活動を始める前に、チェロの加藤文枝さんとマリンバの堀越慎子さんと一緒に、舞鶴市の小学校へ体験学習に出かけました。加藤さんのリハーサル室を通りがかった時、ショスタコーヴィチのチェロソナタが聞こえてきて、こんな難しい曲を子どもたちに聴かせて大丈夫なのかなと思いました。でも、本番で子どもたちが一番興味をもったのは、このショスタコーヴィチのチェロソナタでした。彼らには、クラシック音楽といっても特に壁がないので、どの曲が聴きやすくて、どの曲が難しいという意識がなく、初めて聴いたショスタコーヴィチをただ面白いと感じたのです。素敵なことだと思いました。そして、クラシック音楽を子どものころに聞かせることが大切だと思いました。大人になってからは、いくらクラシック音楽が素晴らしいと訴えても、「知らないから」「難しいから」という意識が先に出てきてしまい、なかなか聴いてみようとしなくなります。

最初のオリエンテーションでは、演奏だけでなくアウトリーチで小学校や中学校に行って授業をし、子どもたちの耳に何かが残るようにプログラムを作ること、そしてホールはあるけれどアーティストが来ないし、来てもお客さまが来ないという事情を理解し、子どもたちにもクラシック音楽に興味を持ってもらうことを目的としていることを教えられました。

私はいつも思っているのですが、子どもたちは最も厳しいお客さまです。大人はお金を払って聴いているという意識なので、演奏が自分の想像とずれていても仕方ないと思ってじっと聴いています。でも、子どもたちは、つまらないと隣の子とおしゃべりしたり、自分で遊んだりと聴いてくれません。授業では、子どもたちの集中力を持続させるために一緒に身体を動かすなど、聴く工夫をしなければいけない。常にきちんと聴いてもらえるように、エンターテインメントを交えて頑張らないといけない。そういうことも地域創造で勉強させてもらいました。

２０１６年から2年間で、10回くらい参加しています。長野県塩尻市、大分県嬉野市、島根県安来市、愛知県高浜市、熊本県九重町など、器楽演奏家とチームを組んで廻りました。廻った地域は、なかなか訪問できないところですが、このような地域を訪れることができたのはよい経験でした。何より、山の連なりや植物など自然の景色がそれぞれに違って美しい。そして、食べ物がまた地域性が豊かで美味しい。

高浜市では、チューバとバリトンという組み合わせで、チューバは喜名雅さんでした。チューバと声楽の曲はなかったけれど、《ドン・ジョヴァンニ》の二重唱などを演奏して、レポレッロとドン・ジョヴァンニの怒っているような感じが出て楽しかったです。喜名さんのおかげでチューバのイメージが変わりました。このように私にとっての発見もあります。

子どもたちに音楽を届けるという活動は、以前から私が取り組んでみたかったものでした。私が地域創造に初めて参加した外国人だったようです。私が学校に入ると、みんな「おーガイコクジン！」と言っていましたが、子どもたちは、すぐに違和感なく受け入れますね。子どもたちは、面白いかつまらないかで判断しますので、大人の感覚で難しいと思っても、彼らにとって楽しく面白ければよいと思います。私も、子ども向けのプログラムではなく、オペラのアリアも日本歌曲も演奏しますが、みんな真剣に聴いています。

地域創造では、平井康三郎作曲の〈平城山〉と〈九十九里浜〉、信時潔作曲の〈鴉《からす》〉などを演奏しました。〈鴉〉は、おそらく大多数の方が初めて聴く曲だと思いますが、皆さん楽しそうに聴いてくれます。学校の先生も子どもたちも、いろいろな曲を知っていますが、音楽の教科書には日本歌曲があまり掲載されていません。今のアニメやディズニーの曲、ミュージカルの曲は入っているけど、クラシック歌曲や日本歌曲は掲載されていませんね。また、特に小さい学校だと、音楽専任の先生がいらっしゃらない。そうなると鑑賞中心になっていたり、校歌や〈翼をください〉のような誰でも知っている曲で授業を終わらせてしまう。だけど、私の演奏で初めて〈平城山〉とか〈九十九里浜〉とかを聴いたら、こんな曲があると気がつくし、外国人が日本の曲を歌っている、それも面白いところなので、後になって少しでも興味が湧いてくれたらいいかなと思って演奏しています。自分で興味を持ったら、インターネットなどで何でも調べられる時代なので、みんなが知っている曲ではなく、子どもたちにきちんとアピールできる日本歌曲を演奏していきたいです。

　もうひとつの地域創造の素晴らしいところは、ピアノや声楽のみならず、弦楽器、管楽器など実際に目の前で見て聴くことができる点でしょう。クラシックが難しい音楽ではなく、楽しいものであることを生で聴き、そして楽器に触れて感じてもらえる貴重な機会だと思います。

●演奏家に敬意を示す日本人

２０１７年10月には、東京文化会館とアーツカウンシル東京の主催で開催されている「３歳からの楽しいクラシック」に出演しました。

「３歳からの楽しいクラシック」では、共演したピアニストで作曲家の白石光隆さんが、「やあ！　ありがとう！」をロシア語で語りかけるかわいらしい曲を作ってくれて、そのコンサートで子どもたちと楽しく歌いました。この曲は、白石さんの許可を頂いて、地域創造の時も歌いました。二つの単語しか出てこないので、子どもたちには覚えやすくて、すぐ一緒に歌ってくれます。家に帰ったら、「今日、ロシア語で歌ったよ」と自慢できるし、やってみたら何でもできるんだ、ということが納得できる音楽です。歌をうたえば、外国語は難しくて無理だよ、というアレルギーが簡単になくなってしまいます。地方では、ロシアに親しむ機会もロシア人に会う機会もないと思うのですが、そんな交流の機会にもなりましたし、印象に残る経験になるのではと思います。そこでは〈アイスクリームのうた〉のような子どもたちの歌も演奏してみましたが、自分にとっても貴重な経験になっています。このような子どもたちが音楽に接する機会を継続して担当されている白石さんの存在は、貴重ですね。

「ららら♪クラブ実行委員会」の主催で開催されている「ららら♪クラシック」は、２０１９年４月の第四回コンサートと川越と八王子の公演に出演させていただき、オペラのアリアだけでなく、日本歌曲も演奏しました。

「ららら♪クラシック」コンサートは、俳優の高橋克典さんの司会で、オーケストラとの共演ですが、なかなかクラシックの生演奏に接することができない皆さんにも、気軽に楽しんでいただける機会になっているのでは、と実感しています。

日本人は、コンサートを静かに聴いてくださいますね。特に、地方のお客さんがそうです。音楽と演奏家に敬意を示してくださっていると感じます。初めてのお客さまには、本当にいいものを見せないといけないですね。面白くなかったら、次は来てもらえないから。特に、地方の演奏会に集まってくださるお客さまは、初めて声楽を聴く方が多い気がします。とても静かに聴いてくださって、終演後に握手をして「素晴らしかった」と言われると、とても嬉しいです。

●共に音楽を作る演奏者

声楽の音楽を作る上で、ピアニストはとても大事です。コーロソヴァ先生は、いつも

「歌手はピアニストに殺されるよ」と言っていました。ピアノ次第で簡単に歌が死んでしまいますし、歌えなくなります。ピアノがお構いなしに主張したら、言葉を伴う歌は、崩壊してしまいます。音を鳴らせばよいというものではありません。ピアノのソロで主に活動しているピアニストは、歌の伴奏では、まあ仕事だし弾きますよ、という姿勢で臨む方もいますが、そのような気持ちでは決してよい歌曲の音楽は作れません。一緒に楽しく言葉を音楽に込めて演奏しましょう、という気持ちで演奏することが大事です。歌曲のピアニストは、ソリストの伴奏ではなく、共に音楽を作る演奏者なのです。まさに二重唱です。ドイツ歌曲、特にシューベルトなど、言葉で表現できないところは、景色や色彩がピアノで表現されます。聴いてくれる方が想像できる音が演奏できなければいけません。

　そのようなピアノを弾いてもらえるピアニストと仕事ができるのが理想です。

　私は、山田剛史さんと一緒に演奏することが多いのですが、彼はその点をしっかり理解している素晴らしいピアニストです。私と同じ世代という親近感もあります。年齢差があり過ぎると遠慮が出てしまったりしますが、彼は日本歌曲への造詣もありますし、演奏していて楽しくなります。彼は私よりずっとキャリアのある方なので、最初の頃の共演では、山田さんのソロ演奏をプログラムに組み込んでいました。これは私にとっても、ピアノソロを挟むことによって、異なった世界観を演出したり、その後の演目の雰囲気を作ることもできるのだという勉強になりました。私はコンサートのプログラムを、ストーリー性を意識して構成しているので、歌曲のピアノパートのみならず、ピアノソロの曲が入ることによってつながりが出来ることも面白いことです。聴いていただくお客さまも、自由な想像が広がっていくように思えました。音楽として作品の世界がずっとつながってイメージできる、そんな効果がありました。今でも、時々山田さんにピアノを弾いてもらっています。

　山田剛史さんは伴奏ピアニストとしてのセンスが抜群です。私がこのように歌いたいと思っていることを、私が歌う前に彼が把握してくれています。私の意思を彼が感じているので、説明しなくても一緒にやってくれます。歌い手を待つ、歌い手を見ているのではなく、自身が音楽を感じてピアノを演奏してくれます。歌に合わせていますが、合わせるだけでなく、ちゃんと自分の部分も

山田剛史さんと（2016年）

守っている。それはとても大事だと思います。一緒に音楽ができて、歌手がどうしたいかと感じて、一緒に歌って演奏してくれる人は一番大事ですね。

私は、幸いにも素晴らしいピアニストとご一緒させていただいています。山田剛史さんもそうだし、白石光隆さんも。また「ららら♪クラシック」で初めて共演した、山岸茂人さんは、レパートリーも広く、一緒に音楽を作る楽しさを味わえる素晴らしい方です。

指揮者も同じで、ブレスやフレーズの作り方など歌を熟知している指揮者は、演奏していても共感できます。その意味では、沼尻竜典さんは素晴らしい。作品と歌い手を理解して指揮をされるので、歌い手に無理をさせないし、すごく歌いやすい。それはとても大事なことです。

作曲では、歳森今日子先生との出逢いが大きいですね。ＣＤ『「ありがとう」を風にのせて』のために、先生にオリジナル曲〈ありがとう〉を作曲していただきました。私は、国立音楽院やライプツィヒ音大で音楽を勉強しましたが、来日した後もソルフェージュなど継続してしっかり勉強したいと思っていました。でも、日本でどのように取り組んだらよいか分からず、洸太朗さんに相談したら、彼が中学生の頃にお世話になった先生を紹介してくれたのです。それが歳森先生でした。彼女は、作曲家だし、クラシックのみならずジャスなど幅広い音楽に詳しい先生なので、いろいろな音楽理論を教えていただいて、勉強になりました。２０１７年に歳森先生から、彼女も参加している日本歌曲の作曲家の会の発表会に招待いただき、彼女の作品を聴いたときに印象に残る作品を書く方だなと感じ、私もぜひ彼女の作品を演奏したいなと思ったのが、ＣＤのために作曲をお願いするきっかけになりました。

●東日本大震災と音楽

東日本大震災は、私にもいろいろな経験と気づきをもたらしたと思います。

「石巻・湊小学校を応援する東京の会（東京サポート）」を主宰して、支援活動を継続されている松田隆夫さんが、洸太朗さんの高校時代の恩師だった縁で、私も石巻に行きました。松田隆夫さんは、２０１１年3月の東日本大震災の10日後から、避難所の一つになった石巻市立湊小学校へ支援に入られ、その後もずっと支援活動を続けていらっしゃいます。洸太朗さんは、「東京サポート」のメンバーとして松田さんらと一緒に２０１１年秋に石巻の湊小学校に行き、ピアノ演奏もしました。２０１２年に、洸太朗さんとソプラノの小林沙羅さんが湊小学校にボランティア演奏に行かれた時、松田さんが私も誘ってくださいました。映像では何度も見ていましたが、被災地をこの目で見せていただく機会をもらったのです。

石巻に着いてからそこを離れるまで、私はずっと重く悲しい気持ちでした。普段、東京だけを見ていると、日本にはスペースがないような気がしていましたが、石巻には津波のせいで何もないところがあちこちに広がっていて、本当に悲しい気持ちになりました。泊まったところは電気もない小さなアパートの一室で、食事もみんなで非常食を食べました。翌日、お二人は音楽のレッスンの他にコンサートもしました。私も歌手なので、急に歌うことになり困りましたが、子どもたちは演奏を喜んでくれました。その時思ったのは、その子どもたちも両親や兄弟を亡くしたり家を流されたりしたかもしれないけれど、目の前にある珍しいもので一瞬でも気持ちが救われているということです。数人の大人も聴きに来ていましたが、みんな涙を流して喜んでくださいました。こんな大変な時に、音楽を演奏する必要はないという人もいますが、こんな時こそ、音楽が必要です。

仮設住宅にもお邪魔しました。そこに住んでいるお婆さんが私たちにお菓子やお茶をすすめてくださいました。いろいろな苦労をしているのに、東京から来た私たちに気を使ってくださり、何て優しい人なのだろうと思いました。

２０１３年にもう一度、洸太朗さんや沙羅さんと一緒に、石巻に演奏しに行きました。この時は私も歌手として。街が以前よりずっときれいになっていて驚きましたが、何より、再会を喜ぶ湊小学校の子どもたちと触れ合って、私も嬉しくなりました。

　湊小学校の校長室でうかがった星圭校長先生のお話は、特に印象に残っています。ご自分の家族も亡くしていらっしゃるのに、その悲しみに浸っている時間はないと、すぐに学校を再開したそうです。「１カ月、半年待っても学校を再開できるとは限らない。子どもたちには、今行くところが必要だ」と言って、決めたそうです。子どもたちは行くところがあるだけで、そして仲間に会うだけで、どんなに癒されたことでしょう。星先生の行動力に、そこにいた私たちはみんな感動して泣きました。

　その他にも、人を救うために自分が犠牲になった人の話をたくさん聞きました。災害のような特別な困難にあった時に、人間の本当の性質が出ますね。石巻では、日本人は優しいだけでなく強いと感じました。全国の人が被災地の人々を心配し、自分のできる方法で助け合い、また被災地の人々は、忍耐強くいたわりあいながら生きていると感じました。

Ⅲ・歌詞に込められた物語

1. 美空ひばりの「うた」

●美空ひばりの演奏

美空ひばりさんの演奏に惹かれたのは、何より歌詞に込められた言葉が実に明確で説得力があったからです。彼女が歌う演奏は、歌詞の物語、ストーリーを捉えた上で、骨組みのしっかりした形を作っています。これは歌曲を演奏する上で、大変重要なことです。形をつくることによって、単に歌詞を語るだけでなく、絵を描くことになる。その象徴が、〈悲しい酒〉（詩・石本美由紀、曲・古賀政男）です。

あの曲では、第一節と第二節の間に、一人語りのセリフが入りますが、歌詞でもセリフでも、それぞれが歌い、語り、そして自分に向けて話すという、いくつかの言葉が入り交じっています。彼女を見ていなくても、演奏を聴いただけで、一人の酒場の情景や、自身の辛さ、寂しさ、はかなさといった内面の心情が全て表現されています。ここまで全て絵のように作りこんで描いて、歌で表現できる演奏家は、滅多にいません。オペラではマリア・カラスのような演奏家がいますが、美空ひばりさんは、まさにカラスのような演奏家と思えます。歌の神様といっても過言ではないでしょう。歌詞が書かれたものに、音をつけるのではなく、楽譜に自分自身のストーリー、自分自身の世界を作りあげて、その絵を描いてお客さまに見せる、という演奏が、彼女の真髄です。でも、そのような演奏は難しい。クラシックでもポピュラーでも、曲の世界をつくることはとても難しいのですが、表面だけ取り繕ってもだめで、演技も含めて奥深く舞台を作る俳優のような心があって、初めて音楽の表現も素晴らしくなると思いますが、その典型が美空ひばりさんの演奏なのではないかと思います。

京都の嵐山に彼女の銅像があり、歌が上手くなりたい人は彼女の銅像に触れていくらしいのですが、その気持ちはよく分かります。

コラム(3)

美空ひばりの「うた」

美空ひばりの音楽や活動はさまざまに語られているが、ひばり自身は、どのような思いで音楽に向き合っていたのか。『ひばり自伝』による自身の言葉から、その思いを見ていきたい。[1]初期の代表作である〈悲しき口笛〉は、映画出演と主題歌のタイアップで、以後このスタイルがひばりの活躍の主軸となる。この曲は、映画《悲しき口笛》の描く世界や食糧難といった、占領期の世相という「現実のホンネ部分の表現」が受容されたと評価されていて、それは１９５０年発売の〈東京キッド〉（詩・藤浦洸、曲・万城目正）にも当てはまる見解だろう。[2]さらに１９５１年〈越後獅子の唄〉（詩・西條八十、曲・万城目正）、〈私は街の子〉〈ひばりの花売娘〉（詩・藤浦洸、曲・上原げんと）、〈あの丘越えて〉（詩・菊田一夫、曲・万城目正）、１９５２年の〈りんご追分〉と続く初期のヒット作は、言葉を捉え、マイクを駆使して巧みに表現している作品といえる。

１９５３年には〈流れのギター姉妹〉（詩・藤浦洸、曲・上原げんと）、１９５４年には、〈あまんじゃくの歌〉（詩・深尾須磨子、曲・高木東六）、〈ひばりのマドロスさん〉（詩・石本美由紀、曲・上原げんと）が発売されたほか、NHKの「歌の明星」「紅白歌合戦」に初出演している。さらに1955年には、日本舞踊の名取として花柳美之を襲名すると共に、三人娘シリーズ第一作の映画『ジャンケン娘』の主題歌〈素敵なランデブー〉（詩・曲 原六朗）、1956年〈怒涛の男〉（詩・野村俊夫、曲・古賀政男）と続く。この時期の楽曲は、作曲家の個性が反映され、そのスタイルを絶妙な歌唱で聴かせるひばりの多彩さが際立っている。

1950年代後半から1960年代は、映画出演が活動の主軸となっていった。1958年〈菊五郎格子〉（詩・西條八十、曲・米山正夫）と〈花笠道中〉（詩・曲、米山正夫）、そして1960年7月発売の〈哀愁波止場〉（詩・石本美由紀、曲・船村徹）では、第2回日本レコード大賞歌唱賞を受賞する。この時期の楽曲の特徴は、映画との連動もあり、日本調の情緒歌謡の彩りが濃い作品が続き、1961年〈ひばりの渡り鳥だよ〉（詩・西沢爽、曲・狛林正一）、1962年〈母さんギター〉〈ひばりの佐渡情話〉（詩・西沢爽、曲・船村徹）、

1 『虹の唄』と『ひばり自伝』では、出版された時期の違いが内容にも反映され、必ずしも言及された楽曲が全て一致しているわけではない。本稿では、より現在に近い時期のひばりの意識という観点から、『ひばり自伝』に即して論及した。

2 池田憲一『昭和流行歌の軌跡』（白馬出版、1985年）

1963年〈哀愁出船〉（詩・菅野千穂子、曲・遠藤実）、1964年〈遊侠街道〉（詩・西條八十、曲・古賀政男）、1965年〈柔〉（詩・関沢新一、曲・古賀政男）に至る。ひばりが挙げたこの時期の楽曲が、古賀の二曲以外が短調の楽曲だったことは、この時期のひばりの公私で発生した受難の意識を映し出しているようにも感じられる。

1960年代後半以降は、1967年〈真赤な太陽〉（詩・吉岡オサム、曲・原信夫）、1970年〈人生一路〉（詩・石本美由紀、曲・かとう哲也）と〈涙〉（詩・藤田まさと、曲・猪俣公章）を挙げているが、〈真赤な太陽〉〈人生一路〉などは、それまでにないリズム主導の楽曲で、大きな苦難を乗り越えたひばりの、新たな心境を音楽に込める意識が見て取れる。

以上が1971年に出版された『ひばり自伝』で、自身が印象に残る曲として挙げた楽曲群である。そこでは、必ずしもレコード売上の高いヒット作品が掲げられているわけではない。むしろ詩の言葉や音楽への意識、そしてその時々の自らの心中を明確に読み取ることができる。

1966年に発売された〈悲しい酒〉（詩・石本美由紀、曲・古賀政男）は、自伝では一切言及していないが、そこには自身の心の奥底に厳然と潜んでいる複雑な思いが隠されている。

「あの曲を歌う時、本当は私、作品とは全然別のことを考えているのよ」（中略）「小さいころ、おふくろとひどい目にあって、途方に暮れているシーンを思い浮かべてるの。そうするとひとりでに涙が出て来るのよ。歌の方はもう、何百回も歌っているから、他のことを考えていても、ちゃんと歌えるようになってるわ」

というコメントからは、〈悲しい酒〉という音楽で、自身を透視している姿が垣間見られる。

1987年4月の済生会福岡総合病院入院、同年8月に退院し、同年10月に吹き込みとなった〈みだれ髪〉（詩・星野哲郎、曲・船村徹）では、「ああよかった。声がちゃんとでるわ」と弾んだものの「自分じゃ、まだ歯がゆい」と述べて「ねえ、次は何をやろう？」と、急迫する自らの生命との戦いを意識した行動を進めていた。[3] そして、1988年にアルバム『不死鳥パートⅠ』と『不死鳥パートⅡ』をレコーディングする。『不死鳥パートⅠ』のために収録された〈終わりなき旅〉では、「すごい詞でしょ、どうなることかと思ったわ。そうしたら三木たかしさんが、とてもいい曲をつけてくれたのよね」と述べていた。最後のレコーディングとなった『不死鳥パートⅡ』に収録された〈川の流れのように〉を、ひばり自身がシングル用に選び、「私が死んだ時、みんなが歌う歌よ」と中村メイコに語ったという。[4]

3　小西良太郎『ヒューマン・ドキュメント　美空ひばり』（実業之日本社、1991年）15ページ
4　前掲『ヒューマン・ドキュメント　美空ひばり』175、178ページ

美空ひばりの音楽は、人々が自身の心情に引き寄せ、共感し、それぞれの思いに重ねて聴いていたが、ひばり自身も、同様だった。ジャンルに拘らず、表現したい、表現できるさまざまな音楽のスタイルを駆使した詩の言葉とメロディーで、自身の意識を表現する信念が、ひばりの根底にあったのではなかろうか。

●〈川の流れのように〉と〈愛燦燦〉

最初に出逢った〈川の流れのように〉は、まさに人生を歌いこんでいる音楽です。美空ひばりさんの晩年の作品なので、声そのものは全盛期のような迫力は無いけれど、バイブレーションの迫力を実感する演奏です。彼女の声によって気持ちが引き寄せられる、その凄味がある曲だと思います。そして、何回も何回も、繰り返し聴きたくなる不思議な魅力があります。疲れずに、いつまでも繰り返して聴きたくなる音楽です。日本語が分からず歌詞の意味が理解できなくても、何かを語っている、ストーリーがにじみ出ていると思える音楽です。洸太朗さんもこの曲が好きで、初めて留学したパリから日本に帰ってくる時に飛行機の中で聴いて、涙が出たと言っていましたが、やはり心の中の何かに結びつくような音楽なのでしょう。

〈愛燦燦〉は、実は歌ったことはないのです。いろいろと苦しいことを経験したある歌手が、〈愛燦燦〉を演奏した時、ああ理解して歌ってるなあと感じました。人生にはいろいろあるけど、歌うことは嬉しいことだなと。その演奏を聴いて、私も歌ってみたいと思うようになりました。どちらも、ものすごく美しい曲ですし、歌詞はシンプルな感じですが、意味が深いものだと思います。難しい言葉ではないけれど、人生の深さを感じますね。

美空ひばりさんがこの曲を歌ったのは、もう晩年の時期でした。彼女自身も、もうそんな運命を感じていたのではと思えます。だから彼女は、特に最後の頃の演奏では、少し世間から離れた目で歌っていた。私には、そんな感じに映りました。どこか高いところから「人間はか弱い、人間はかわいい、人生は不思議、人生は嬉しいものですね」と言っている。近くだったら、ごく一部しか見えないけれど、遠く離れたところから大局的にみつめていますよ、という感じがします。

私は、次にＣＤを録音する時は、やっぱり美空ひばりさんの曲を入れたいと思っています。〈川の流れのように〉だけだと、ちょっと他の曲とのバランスが取りづらい。ならば〈愛燦燦〉はどうかなと思い、改めてじっくり聴いてみたら、この2曲のつながりはとても素敵です。〈愛燦燦〉の後奏から、〈川の流れのように〉の前奏に入ったら、ごく自然な感じだし、美しい。ＣＤ録音できる日が待ち遠しいです。

コラム(4) 美空ひばりのヒット曲への思い

映画と「うた」の演奏を主たる活動の場とした美空ひばりは、自身の歌について、１９５７年発行の自伝『虹の唄』で以下のように述べている。[1]

「私はよく「あなたは自分の歌の中でなにが一番好きですか?」というようなご質問をうけますが、その歌にも、それぞれ思い出がありみんな好きです。でも、その中から選ぶとしたら、〈悲しき口笛〉〈東京キッド〉〈角兵衛獅子の唄〉〈りんご追分〉〈伊豆の踊子〉などと、この〈あの丘越えて〉でしょう」

１９４８年発売の〈悲しき口笛〉、１９５０年12月発売の〈角兵衛獅子の唄〉(詩・西條八十、曲・万城目正)、１９５１年12月発売の〈あの丘越えて〉(詩・菊田一夫、曲・万城目正)、１９５４年発売の〈伊豆の踊子〉(詩・曲、木下忠司)に至るこの思いは、初期の作品への強い愛情が感じられる。

１　人間の記録１９１『美空ひばり　虹の唄』(日本図書センター、２０１２年に復刻)

1952年4月から始まったラジオ東京（TBS）開局記念番組だった連続放送劇『りんご園の少女』は、同年9月に映画化されるが、その主題歌が〈りんご追分〉（詩・小沢不二夫、曲・米山正夫）、挿入歌が〈津軽のふるさと〉（詩・曲　米山正夫）だった。この作品は、ひばりが生涯を通じてたびたび言及するほど、思い入れが強い作品だった。

〈りんご追分〉は、

「この曲のフレッシュな感覚、牧歌的で可愛らしい印象、せんさいな雰囲気が、ファンのみなさまの気に入っていただけた理由と思います。そしてもちろん、それは、小沢、米山両先生の立派なお仕事がこの曲を傑作に仕上げたからです。そして、もうひとつ、あえて言わせていただければ、わたしの持ち味にこの曲がピッタリとフィットしてきて、充分にひばりらしい情感を盛り上げることができた、ということもあった、と思います」

（134ページ）

「そして、窮屈な形はないのです。だから、ただいま現在の美空ひばりにもピッタリするし、十四歳のときの美空ひばりにもピッタリしていたのです。とすると、この歌は、ずっと、時代がどんなに変っても美空ひばりの歌なのだ、と思います」（135ページ）

と述べているように、自身の意識や活動の画期となった音楽であった。[2]

一方、〈津軽のふるさと〉については、五木寛之との対談で、

〈りんご追分〉のほうが先にヒットしてその陰になっちゃいましたけど、〈津軽のふるさと〉は自分で言うのもおかしいんですが、隠れた名曲だと思います」

「メロディ的に、はじめて歌ったころは分かってなかった。今は分かります。全部自分の中に入って歌ってるから。それはメロディのすばらしさですよ」

と述べているように、言葉と音楽を理解しなければ表現できない難しさを指摘している。[3]〈津軽のふるさと〉の詩は、米山と小沢不二夫が大鰐温泉で共作したと言われているが、それは、この詩の情景の描写と音楽の融合の解答でもある。さらに、ハーピストのウエイン・フルトン来日の際に、日本コロムビアの発案でハープ伴奏版を演奏して以来、ひばりがコンサートでは一番をハープ伴奏で歌うようになったことは、音楽作品としての真価が世の人々に知れわたったことの証しだろう。[4] それは〈りんご追分〉がさまざまなアレンジでも自在に演奏され得る音楽であることとあわせ、作曲家・米山正夫の音楽の深さを物語るものでもある。

初期の活動でひばりの「うた」に向き合うスタンスが確立され、経験を重ねることで、その天性の表現力、演奏力がさらに昇華していったのではなかろうか。

2 美空ひばり『ひばり自伝』（草思社、1989年新装版）

3 対談五木寛之VS美空ひばり「よろこびの歌 かなしみの歌」（『美空ひばり公式完全データブック』（角川書店、2011年）154、156ページ

4 「美空ひばり〈津軽のふるさと〉」『あおもり はやり歌 ひともよう』（東奥日報社、2007年）所収

●〈津軽のふるさと〉

でも、私が何よりも感動し、心に焼き付いている曲は、〈津軽のふるさと〉（詩・曲、米山正夫）です。最初に聴いたときは、てっきりロシアの歌だと思いました。あの音楽の流れや響きが、まさにロシアの歌のように思えたのです。作曲された米山正夫さんは、敗戦後のシベリア抑留を体験されたそうですが、その辛く過酷な環境に置かれたときに、無意識だったかもしれないけれど、ロシアの音楽の記憶が残り〈津軽のふるさと〉に反映されているような気がしてなりません。それほどまでに、ロシアに生まれた私の心を捉えて離さない音楽なのです。故郷への郷愁、そしてその故郷の風景が刻まれた詩を、切々と歌うメロディーは、まさにロシアの歌そのもののように感じます。ひばりさんの演奏も、あの歌詞を深く捉えて、目の前に情景が浮かぶような演奏なので、メロディーの哀切さ共々、印象に残る作品になりました。私にとっては、特別な作品です。

コラム⑸

作曲家・米山正夫

美空ひばりの足跡は、歌い手のみならず、詩や曲の創作者も一体として評価し考えなければいけない。ひばり自身、初期の作品は「私の歌の作曲は、万城目正、上原げんと、原六朗、米山正夫の四先生のものが多い」と述べている通りだが、万城目正と米山正夫（１９１２〜１９８５）の存在は、ひばりの生涯を決定的に位置付けたといえる。[1]特に、米山についてひばりは、米山からかけられた言葉を述べた上で、

「米山正夫先生のご忠告は一生忘れないつもりです。これは歌舞伎座公演で、有頂天になりかけた私に冷たい水をかけられたようなものです」

と、その恩義を記録している。

東京に生まれ、１９３４年に東洋音楽学校（現・東京音楽大学）ピアノ科を卒業した米山は、オペラで活躍した藤原義江らのピアノを担当しながら作曲も行い、１９４２年〈森の水車〉などを作曲、１９４４年に満洲国に渡り中央放送局に勤務した。敗戦後はシベリア抑留

1　人間の記録191『美空ひばり　虹の唄』（日本図書センター2012年復刻）59ページ

の後、１９４６年12月に帰国し、１９４８年のラジオ歌謡〈山小屋の灯〉のヒットによりコロムビア専属となり、流行歌や映画音楽の数々を作曲した。[2]ひばりとの関わりは、１９５２年から１９６３年にかけての作曲や編曲が主だが、米山が得意とするシャンソンやタンゴ、マーチなどの洋楽基調の音楽によって、ひばりの演奏スタイルや歌唱法を引き出すことになった点でも重要だろう。日本コロムビアのディレクターだった森啓は、

「米山先生は歌謡界に計り知れない貢献をした。特に美空ひばりを通して。ひばりをどんどん育てたのは、万城目正や古賀政男ではなく、米山正夫と船村徹。偉大な作曲家です」

と述べている。[3]詩人や作曲家、編曲家という創作者の存在は、ひばりのみならず声楽家の表現の源泉であり、創作者の意識がどのように演奏者に連なり、協業しているかは、改めて考える必要があるだろう。美空ひばりに即して考えるなら、ひばりや森が挙げた作曲家のほか、古関裕而、原信夫、市川昭介、神津善行、詩人の西條八十、藤浦洸、野村俊夫、西沢爽、石本美由紀の作品の考察が求められる。創作者の思いや主張、メッセージが、演奏者の表現を得て人々の中に息づいていることが俯瞰できるのではなかろうか。

---

2 ホームページ「作家米山正夫の時代」http://yoneyama-masao.jp/index.html

3 「美空ひばり〈りんご追分〉」(『あおもり はやり歌 ひともよう』(東奥日報社、２００７年)所収)

2．印象に残っている日本歌曲

これまで私が取り組んできた日本の歌曲は、どれも名作ばかりです。そんな数ある曲の中から、以下に、私が印象に残っている曲について思っていることを述べてみます。

●詩を歌うということ

〈秋の月〉（詩・曲、瀧廉太郎）

瀧廉太郎の作品はどれも素晴らしいのですが、組歌《四季》の第三曲である〈秋の月〉は、私が最も好きな瀧廉太郎の歌曲です。（注・組歌《四季》は、元々は、〈花〉〈納涼〉〈月〉〈雪〉の四部で構成された作品。〈花〉はピアノと二部合唱、〈納涼〉はピアノと独唱、〈月〉は無伴奏の混声四部合唱、〈雪〉はピアノ、オルガンと混声四部合唱という様式で作曲された作品）は、歌詞も瀧廉太郎ですが、情景の描写に終始している独特の詩です。この光景を見て、どのように思い感じるかを問う詩だと感じます。ストーリーを追い求める詩ではありませんが、詩を読むだけで目の前に光景が広がる、奥深い歌詞で、その歌詞に趣きのある音楽が付されることで、世界観が深くなる音楽だと思います。

〈秋の月〉は、短い詩の中に、ひとつの世界観や教養が凝縮されているように思います。武士だって戦うだけではなく、文学や歴史や香道や茶道など、いろいろと勉強していたと思います。皆さんだって、森に行けば、木々のそよぎや雨の音、動物や鳥の音なんかも、全部自分の中に吸収しますよね。そんなことがこの歌詞に込められているように思います。俳句ではないけれど、そんなわずかな言葉の中に、ひとつの世界が見えるように思います。

この曲は、銀閣寺を思わせます。私は、初めて銀閣寺を訪問した時に、ヨーロッパのお城と比べたら、すごく質素な感じがしました。でも、案内の方に、派手な家具は無いけれど、窓の前は広めに作ってあって、机を置いて窓を開けて庭を見て勉強できると聞いて、カルチャーショックを受けました。為政者が、お金を集めるためではなく、この建築の中で勉強するということが印象に残りました。なので、初めて〈秋の月〉を聴いた時に、すぐ自分の中で、このイメージが湧きました。

月を見て、虫の声を聴いて、全部自然のことも理解して、人間も自然に入っていて。悲しみは人間だけじゃなくて、虫の声にも悲しみが入っているよと。それを言葉にしていることがすごく素敵な音楽。私にとって、やはり日本の歌としては〈秋の月〉が一番強いイメージです。〈荒城の月〉も、もちろん一番知られていますし、すごく美しい曲ですが、私にとっては個人的に、〈秋の月〉がパーソナルになっているのです。

〈荒城の月〉（詩・土井晩翠、曲・瀧廉太郎）

日本歌曲は、やはり日本語の詩というのが最大の特徴です。ヨーロッパの歌詞では、「あなたはあの時こう言った。私はこうしてこうなった」と、動詞を使ってストーリーを語っていきますが、日本の歌詞は、形容詞や名詞を使って情景を表現することが多いですね。特に歌曲の詩は、動詞が少ないように思います。その典型は、〈荒城の月〉です。〈荒城の月〉は、第一節から第四節までの歌詞が、それぞれ一枚の絵になっている。演奏者は、その絵を感じて言葉を読み込み、それぞれの情景を表現しなければいけません。

そのためには、歌詞の意味を理解しないと演奏できません。しかも聞き取りやすく発音しなければいけない。例えば第二節の「植うるつるぎに　照りそいし」という場面なら、戦っている人たちが亡くなっているその地に剣を入れる、という詩の意味を理解して、言葉を刻むということが大事です。演奏者自身がしっかりと情景を思い描き、聴いて頂く方にそれぞれに引き寄せて想像してもらえるように演奏しなければいけないのです。

〈この道〉（詩・北原白秋、曲・山田耕筰）

〈この道〉は、私が最初に日本歌曲を勉強した中の一つでした。札幌の時計台のことだとは知らず、ライプツィヒで知り合った日本の友人に教えてもらいました。私は、この曲を最初に知った頃は、まだ日本語がよくできなかったので、メロディーが美しい、という感覚で、素敵な曲だなあ、と思って勉強したことを思い出します。

〈赤とんぼ〉は、初めて聴いた演奏は美空ひばりさんのＣＤでした。YouTubeでもいろいろな演奏を聴きましたが、それが偶然にも、みんな女性の演奏だった。だから、私の中で、女性が演奏する歌というイメージが植え付けられていました。でも、去年、自分が歌ってみて、ぜひ演奏していきたいと思うようになりました。

不思議なことだ思いますが、私は山田耕筰の作品をほとんど演奏していません。その唯一といってよい曲が〈この道〉です。有名な作品がたくさんありますが、なかなか演奏する機会がありませんでした。私の声質との相性かな、という気もしています。

組曲《沙羅》（詩・清水重道、曲・信時潔）より
〈行々子《よしきり》〉〈北秋の〉〈鴉《からす》〉

信時潔の作品に取り組んだのは、塚田先生から、日本歌曲を演奏する上では、瀧廉太郎だけではなく、信時潔にも向き合わなければいけない、とアドバイスされたからです。最初は、〈行々子〉を勉強した後、〈北秋の〉に取り組み、最終的に組曲《沙羅》の全曲を勉強した中で、最も興味を持ったのが、〈鴉〉でした。不思議な曲ですが、カラスのイメージが歌詞にも音楽にも表現されています。また発音も特別です。短い曲ですが、聴きようによっては謡曲にも聴こえるし、現代音楽にも聴こえるすごい作品なので、多くの皆さんに知ってほしいと思っています。

　でも〈鴉〉は、言葉が狂言まわしのような謡いなので、口語の日本語で演奏してはいけないし、非常に難しい作品です。塚田先生からも、ちゃんと勉強しないと演奏できないよ、と言われていますが、興味をもって、しかも時間をかけて準備して演奏することを学んだ作品です。

〈鉾をおさめて〉（詩・時雨音羽、曲・中山晋平）

私が尊敬するバリトンの青山貴さんのリサイタルのアンコールで初めて聴いて、ぜひ私も演奏したいと強く思ったのが、〈鉾をおさめて〉でした。力強くて男性的な荒々しさがあって、かっこいい音楽です。でも、演奏しようと思って歌詞をじっくり読んで、第二節の冒頭の「灘の生酒に　肴は鯨」という箇所を見て、鯨が可哀想になってしまった（笑）。でもよく考えると、捕鯨は日本の伝統的な文化ですし、その文化を歌っている日本ならではの曲だなと理解して演奏しています。

この曲は、私の日本歌曲のアルバム『「ありがとう」を風にのせて』の一曲目に入っています。

平井康三郎の三部作

〈平城山〉〈甲斐の峡〉〈九十九里浜〉（詩・北見志保子、曲・平井康三郎）

私にとって、特に〈平城山〉は非常に大事な曲です。奈良への思いもありますが、何より私の持つ日本のイメージが言葉と旋律に凝縮された非常に美しい作品です。私が歌曲集で見つけ、ぜひとも歌いたいと思った曲でした。

〈平城山〉のピアノは箏曲のイメージですので、音の構成からいっても日本的な曲でしょう。歌詞は、北見志保子という女性ならではの感性だと思いますが、自分の悲しみを心の中でつぶやきながら反芻しているような言葉が印象的な歌詞であると思います。平井康三郎のメロディーも、一度下降してから、次第に上昇しゆっくり下降して終止するというのは、自分の気持ちを話す詩の感情を見事に表現しています。第一節は「堪える」けれど、第二節では悲しみの「涙おとしぬ」という言葉が旋律と一体となって演奏される、美しくて素晴らしい作品です。

皆さん、平井康三郎の歌曲で真っ先に思い浮かぶのは、〈平城山〉や〈九十九里浜〉でしょう。でも、〈甲斐の峡〉のおかげで、この三部作が非常に良いバランスになります。〈平城山〉は短調で、箏をイメージした古式ゆかしい伴奏の感じです。〈九十九里浜〉は、ダイナミックでカッコイイ曲。そこに〈甲斐の峡〉のような美しく、かわいらしい短い曲が入ると実にバランスがいい。日本の三つの景色だし、平井さんは作曲する時にバランスも考えたと思います。

私は、〈平城山〉しか知らなかったのですが、トスティ歌曲コンクールで間聖次朗さんが演奏した〈九十九里浜〉を聴いて、その光景描写が素晴らしく、感動して自分のレパートリーに入れました。その後、塚田先生からこれらの二曲と〈甲斐の峡〉と併せて平井康三郎の三部作であることを教わり、〈甲斐の峡〉も指導していただきました。〈平城山〉と〈九十九里浜〉の間に、静かで優しい感じの〈甲斐の峡〉が入ると、この三曲のコントラストが一層はっきりして、本当に素晴らしいです。だから、私の演奏会ではできるだけこの三部作を続けて演奏するようにしています。

コラム(6) 日本の歌曲史概説(1)――黎明から深化へ

「日本の歌曲史概説」(1)と(2)では、日本の作曲家が創作した独唱用歌曲の、明治期から今日に至る系譜を、その創作を軸に再考する。[1]

初等教育科目の唱歌は、当初は上眞行、多梅稚、奥好義、鈴木米次郎、田村虎蔵といった宮内省楽部の演奏家や東京音楽学校などの教員が唱歌を作曲していたが、１９１０年代に発行された『尋常小学唱歌』以降は、岡野貞一をはじめとする東京音楽学校の教員が中心となって作曲に携わり、教科書のための「歌曲」を創作した。唱歌は、あくまで学校教育教材としての「歌曲」だったが、その歴史の変遷と共に、現在に歌い継がれる「日本の歌曲」として存在している。[2]

1　本稿では、堀内敬三『音楽五十年史（上・下）』（講談社学術文庫、１９７７年）、ＯＮＴＯＭＯ ＭＯＯＫ『日本の作曲20世紀』（音楽之友社、１９９９年）などを参照して構成した。

2　唱歌が歌い継がれている背景として、文部科学省の「学習指導要領」で指定されている、小学校「音楽」の「歌唱共通教材」の大半が、「唱歌」であることは、留意すべきであろう。（コラム(7)「学校教育での「うた」」参照）

日本歌曲の源泉は、やはり瀧廉太郎（１８７９〜１９０３）だろう。瀧は、１９０１年に東京音楽学校からライプツィヒに留学するものの病のため帰国を余儀なくされ、23歳の若さで夭折したが、１９００年に発表された組歌《四季》、１９０１年に『中学唱歌』で発表された〈荒城の月〉〈箱根八里〉〈豊太閤〉、『幼稚園唱歌』で発表された〈お正月〉など20曲を作曲し、それらの作品が今日まで歌い継がれている事実は、瀧の日本の音楽史における重要性を物語っている。[3]

瀧に続く世代が、山田耕筰（１８８６〜１９６５）と信時潔（１８８７〜１９６５）である。同世代の山田と信時は、創作姿勢も作風も、音楽界に対するスタンスも全く異なる作曲家だが、二人が日本の音楽の歩みに果たした役割は非常に重要である。山田も信時も、ピアノ伴奏を伴う歌曲、合唱曲、校歌や社歌などの団体歌、山田の童謡、信時の『新訂尋常小学唱歌』編纂といった「うた」の創作に貢献した足跡は、歴史に燦然と輝いている。山田の〈からたちの花〉〈この道〉〈赤とんぼ〉といった歌曲や童謡の数々、創作の主軸を歌曲や合唱など声楽に置いた信時の、組曲《沙羅》や〈海ゆかば〉などの戦時期の作品、戦後の〈帰去来〉、また生涯取り組んだ九百曲近くにのぼる校歌など戦後に至る作品の数々は、「うた」の素晴らしさを表現している。

山田と信時と同世代である、中山晋平（１８８７〜１９５２）、藤井清水（１８８９〜１

９４４）、成田為三（１８９３〜１９４５）、箕作秋吉（１８９５〜１９６１）、大中寅二（１８９６〜１９８２）も、歌曲の創作に貢献していた。中山の童謡、流行歌、民謡、音頭といった作風や視点の幅広さは、歌を人々の身近な存在に引き寄せたといえる。成田の、〈浜辺の歌〉のみならず、器楽や合唱曲を含め時に前衛的かつ斬新な作風を試みたスタンスは、創生期の作曲の挑戦として再考すべきだろう。

　第二世代ともいうべき、１９００〜１９１０年代に生まれた作曲家たちは、戦時期に創作活動を開始もしくは本格化させた世代である。清瀬保二、諸井三郎、橋本國彦、池内友次郎、松平頼則、平尾貴四男、金井喜久子、吉田隆子、平井康三郎、安部幸明、清水脩、山田和男（一雄）、髙田三郎、伊福部昭、松本民之助、戸田邦雄、柴田南雄、石桁眞禮生、小倉朗といった作曲家の創作は、ヨーロッパの作曲家の影響と、独自の視点で自らの作風を確立していく進取の気風が見られる。

　〈舞〉〈斑猫〉など劇的音楽や朗唱を意識した作品のみならず、〈大日本の歌〉〈戦ふ花〉《抒情組曲》など、戦時期や戦後という時代の意識や作風の変化が表出した作品など、多彩かつ斬新な試みを展開した橋本、社会を見つめ続けた吉田、出身の沖縄のイディオムに拘り

3　小長久子編『瀧廉太郎全曲集』（音楽之友社、初版は１９６９年）

続けた金井や、「民族」「民謡」への思いが声楽作品に結びつく平井や伊福部、柴田のような取り組み、邦楽やオペラにも注力した清水、典礼聖歌など教会旋法を意識し続けた髙田のほか、松平、柴田、後述する入野のような十二音技法への取り組みなど、創作技法にも独自の方向性が明確化されていくのも特徴といえる。何より演奏家が邦人作品に向き合い始め、演奏の裾野の広がりという演奏機会の問題も、創作の活性化に直結している。

〈朧月夜〉（詩・高野辰之、曲・岡野貞一）

〈朧月夜〉のイメージは、日本ならではのものだと思います。何より自然をそのものとして捉え、その中に日常が存在することが日本の文化であり、それを表現しているのが〈朧月夜〉だと感じています。〈朧月夜〉からイメージされる光景は、戸外で見渡す日本の自然の美しさそのもののように思えます。

日本の各地に広がる山を見渡す光景は、その土地によって全く異なりますが、その違いが美しさだと思います。また自然が身近で、各地で独自の風景がある。山も、海も、森も、畑も。そんな一つの風景を描いたのが〈朧月夜〉です。歌の景色が鮮明な音楽だと思っています。このような身近な自然があるからこそ、日本歌曲や民謡には、自然をテーマとする、それぞれの景色の歌、山の歌、海の歌、月の歌などがあるのではないでしょうか。歌曲に描かれた日本の景色にも魅せられています。

コラム⑺

学校教育での「うた」

　誰もが「うた」に接するきっかけとなるのが、学校教育での「うた」である。特に義務教育の科目としての音楽、校歌、運動会（体育祭）、課外活動での音楽祭や校内合唱コンクールなどは、誰しも等しく享受される「うた」であろう。

　１８７２年の学制公布により初等教育で音楽を教授する科目名が「唱歌」とされ、１９４１年の国民学校令で「芸能科音楽」に変更され、１９４７年の教育基本法と学校教育法の施行と学習指導要領により、現在の「音楽」となる。この「唱歌」と「芸能科音楽」という科目の授業のための楽曲のことも「唱歌」と呼称している。「唱歌」という科目で教授する題材として「唱歌」が創作され、歌われていたのである。

　作品としての「唱歌」とは、

「初等・中等の学校で教科用にもちいられ、日本語でうたわれる、主として洋楽系の短い歌曲」であり、歌詞は「徳性の涵養と情操の陶冶」に資するような教訓的および（あるいは）美的な内容をもち、曲は欧米の民謡・賛美歌・学校唱歌および平易な芸術的声楽曲からそのままとり、それらの型によって邦人の創作した小歌曲」という見方がある。[1]「唱歌」は、学校教育のために創作され、教授された「うた」であり、「童謡」とは明らかに出自や性格が異なる、いわば「官製」の音楽であるため、大日本帝国憲法下の社会を反映した、「徳育」重視や天皇制、軍隊や戦争賛美というコンセプトの〈水師営の会見〉〈橘中佐〉〈児島高徳〉のような「唱歌」も多く存在した。

　学制公布時は、「唱歌」科目は「当分之ヲ欠ク」とされたものの、〈庭の千草〉や〈蛍の光〉など、外国曲に日本語の詩を当てはめる「翻訳唱歌」が発表された。本格的な「唱歌」の教科書は、音楽取調掛（東京音楽学校を経て、現在の東京藝術大学音楽学部）が編纂し文部省が１８８１（明治14）年から１８８３（明治23）年にかけて発行した『小学唱歌集』全三編だった。その後、さまざまな要因によって唱歌教育が徐々に浸透し、１８９３（明治26）年には、〈君が代〉〈勅語奉答〉〈一月一日〉〈原始祭〉〈紀元節〉〈神嘗祭〉〈天長節〉〈新嘗祭〉から成る「祝日大祭日儀式唱歌」が文部省告示で制定され、学校での唱和が強制された。

　もっとも教科書は、１８８７（明治20）年の「教科用図書検定規則」により民間の出版社

1　堀内敬三・井上武士編『日本唱歌集』（岩波文庫、１９５８年）

が発行した教科書も流通していたが、1903（明治36）年の文部省令により教科書の国定化が決定し、文部省著作として1910（明治43）年に『尋常小学読本唱歌』全一巻が発行された。続いて1911（明治44）年から1913（大正3）年にかけて発行された『尋常小学唱歌』は、全学年に各一冊の教科書を配当したこと、邦人による作曲を意識したこと、歌詞の選定や作曲などを編纂委員会（文部省が東京音楽学校に委託して東京音楽学校の教員で構成された）の合議制としたこと等が特徴といえる。現在の学習指導要領の「歌唱共通教材」に指定されている、〈かたつむり〉〈日の丸〉（第一学年）、〈富士山〉〈紅葉〉（第二学年）、〈春がきた〉〈虫のこえ〉〈茶摘〉（第三学年）、〈春の小川〉（第四学年）、〈鯉のぼり〉〈冬景色〉（第五学年）、〈朧月夜〉〈我は海の子〉〈故郷〉（第六学年）は、全てこの『尋常小学読本唱歌』『尋常小学唱歌』で発表されたものである。

1932（昭和7）年には、『新訂尋常小学唱歌』が文部省編集で発行された後、1941（昭和16）年3月に1年生用の『ウタノホン上』と2年生用の『うたのほん下』、1942（昭和17）年3月に3年生用の『初等科音楽一』、4年生用『初等科音楽二』、同年12月に5年生用『初等科音楽三』と6年生用『初等科音楽四』が文部省発行・著作で刊行された。「芸能科音楽」の特徴は、低学年では〈兵タイゴッコ〉、中学年では〈三勇士〉、高学年では〈大八洲〉〈特別攻撃隊〉など軍事や神話をテーマとした新曲が収録されたこと、輪唱や合唱の導入と和音の学習、鑑賞＝聴音による音感の育成、器楽指導がなされたことが挙げられる。これは、音楽教育に、臣民育成や敵機の音を聴き分ける音感訓練の目的が期待されていたことの反映だった。しかし、合唱や和音、器楽など戦後への継続や、小松耕輔や松島つね、井上武士といった東京音楽学校以外の教官が編輯《へんしゅう》委員となって〈ウミ〉や〈おうま〉のような曲が収録されていたこと、さらに『ウタノホン』『うたのほん』でのカラー印刷の導入など、従来にない特徴があったことも注視しなければならない。

　敗戦後、１９４７（昭和22）年の教育基本法、学校教育法の施行に伴い、教育制度も大幅に変更された。これを受けて、１９４７年5月に『一ねんせいの音楽』『二年生のおんがく』『三年生の音楽』が、同年7月に『四年生の音楽』『五年生の音楽』『六年生の音楽』が、文部省編集発行として刊行された。これが最後の国定教科書となるが、軍国主義・国家主義的な楽曲の排除、外国曲や新しい楽曲、童謡が掲載されたこと、各学年とも伴奏付きの楽譜が掲載されたこと、新たに創作が導入され、また器楽演奏や鑑賞に資する写真が掲載されたこと、楽典が分かりやすく記載されたことが特徴として指摘できる。収録曲も、〈ぶんぶんぶん〉〈小ぎつね〉〈かえるの合唱〉〈アマリリス〉などの外国曲に新たに詩を付したもの、〈むすんでひらいて〉〈かすみか雲か〉〈とうだいもり〉など外国曲を流用した明治期の唱歌の歌詞を変えたものが際立っている。また、〈かたつむり〉〈故郷〉といった『尋常小学唱歌』の復活のほか、特筆すべきは、〈どんぐりコロコロ〉〈しょうじょうじのたぬきばやし〉〈夕やけ小やけ〉〈うたを忘れたカナリヤ〉といった童謡が収録されたことである。ここには、童謡や唱歌といったジャンルの垣根を越えた、初等教育での「うた」のありようを見て取ることができる。

このように作品としての「唱歌」は、１９１０年代以降の国定教科書を中心に発表された作品群であるが、その一部は、現在にも生き続けている。文部科学省の「学習指導要領」では、小学校から中学校まで、学年ごとに「歌唱共通教材」が定められているが、前述のとおり、小学校の「歌唱共通教材」は、日本古謡や〈ひらいたひらいた〉〈夕やけこやけ〉を除き、すべて「唱歌」である。

本書でも言及される〈朧月夜〉は、１９１３（大正３）年の『尋常小学唱歌』第六学年用で発表されて以来、前述した戦後に至る全ての国定教科書、さらに現在の学習指導要領まで継続して取り上げられている。この事実は、「唱歌」という限定された目的で制定された「うた」ではあるものの、その中には、民族や国境の垣根を越えて、詩の言葉と音楽が共感されている楽曲があり、時代や国境を越えて歌い継がれていることを示している。ここには、「唱歌」のひとつの現在形を見ることができよう。

〈落葉松〉（詩・野上彰、曲・小林秀雄）

〈荒城の月〉の次に取り組んだ曲は、〈落葉松〉でした。この曲は、純粋に西洋音楽のルールで作曲されています。でも、自分の気持ちを主張し外に向かって歌うイタリア歌曲や、感情を単刀直入に表に出すドイツの音楽とは明らかに違う、自分の気持ちを、自分の中で語る音楽が日本歌曲の特徴かと思いますが、〈落葉松〉はその典型でしょう。

ドイツにいた頃、〈落葉松〉をドイツ語に訳して演奏したことがあります。でもドイツ人には理解されなかった。歌詞が伝わらないのです。音楽は主題旋律が五回繰り返される構成ですが、日本語の歌詞ならこの旋律に、異なるアクセントやニュアンスがうまく合致して言葉が上手く乗せられるのですが、ドイツ語では上手くいきません。単純な言葉が同じ旋律で繰り返されるだけに聴こえてしまい、途中から皆さん笑っていて、最後まで聴いてくれませんでした。でも、日本語の言葉のアクセントの違い、その歌詞のフレージングの違いが非常に繊細に表現された素晴らしい歌曲です。

コラム(8)

日本の歌曲史概説(2)——敗戦後の社会に向けて

　1920年代生まれの、入野義郎、石井歓、別宮貞雄、中田喜直、畑中良輔、團伊玖磨、大中恩、芥川也寸志、間宮芳生、湯浅譲二といった作曲家は、戦時期に学生時代を過ごした世代で、畑中と中田は陸軍、大中と間宮は海軍で、軍隊生活を経験している。間宮は、自作の〈合唱のためのコンポジション第4番《子供の領分》〉について、

「あれは戦争の産物です。戦争で地方に散らばっていた都会の人たちが終戦後、地方の歌を覚えて東京に帰って来た。東京が日本中のわらべ歌の渦巻きみたいになった。それをまとめたのが『子供の領分』です」

と述べているように、青春時代と重ならざるを得なかった戦争体験が、自らの創作活動に少なからぬ影響を及ぼしている世代でもある。[1] 中田のように、狭義の「歌曲」だけでなく、ラジオ歌謡等のメディアから発信され愛唱されている〈夏の思い出〉〈雪の降る街を〉などは広く親しまれているし、中田、團、大中、湯浅や後述する湯山、溝上、佐藤のように、合唱作品や子どものための「うた」への注力など、広い視野で「うた」に可能性を求める作曲家たちが生まれたのも、この時代の特徴である。また、中田や畑中、團、大中のように、一人

の詩人の詩を「歌曲集」としてまとめる組曲構成の作品を、「歌曲」創作の軸に据えたことにも特徴がある。

少国民世代ともいえる1930年代生まれの、三木稔、小林秀雄、林光、湯山昭、三善晃、嵐野英彦、原嘉壽子、増本伎共子、溝上日出夫、寺島尚彦、佐藤眞たちも、「歌曲」の発展に貢献してきた。記憶の中に戦争体験が刻印されている林、三善、寺島の意識は、林の社会性の強いソング（コラム(9)「ソングという「うた」」参照）や、三善の作品群に顕著である。また三木や原のように邦楽との融合を重視した創作も見逃せない。湯山は、

「最も重要な課題は、言葉たちにどのようなアーティキュレーションを作曲家が与えるか。逆に言えば、言葉たちがどのようなアーティキュレーションで私たちに信号を送っているか、それを正確にキャッチしないと、歌というのはダメになります」

と述べているように、歌曲にとって「言葉」が生命線であることを強調しているが、まさにその視点が歌曲の根本だろう。[2]

1940〜50年代生まれでは、池辺晋一郎、新実徳英、香月修、高橋悠治、萩京子、青島広志、木下牧子、千原英喜といった作曲家が、合唱曲と並行して声による音楽の主張を追

1　作曲家・間宮芳生に訊く（『ハンナ』2017年10月号）
2　湯山昭『人生は輪舞』（全音楽譜出版社、2005年）345ページ

及した。池辺のさまざまな技法を用いた幅広い作品群、新実の「自然」を意識した創作スタンス、萩や青島の軽妙な「うた」の世界は、この世代の視座の多様性を物語っている。また〈夢みたものは…〉に代表される心情に訴える歌曲の創作と合唱への深化は、木下ならではの取り組みといえる。このような日本歌曲の系譜は、なかにしあかね、小原孝、伊藤康英、千秋次郎、寺嶋陸也、信長貴富、朝岡真木子といった世代に脈々と受け継がれている。

本稿で取り上げた作曲家の中には、作曲にとどまらず、教育者や「うた」の啓発の側面でも重要な足跡を残した人物がいる。信時潔、池内友次郎、髙田三郎、伊福部昭、松本民之助、柴田南雄、石桁眞禮生、畑中良輔、三善晃、佐藤眞の教育における足跡は、作曲とあわせ音楽の歴史に刻印されるだろう。またオペラや合唱の創作など、声の可能性を広く追求する取り組みも、今日に至る歌曲の発展に寄与している。特に、畑中は声楽家としてオペラや歌曲の演奏、声楽の指導という後進の育成、そして作曲を三本柱として取り組んだ。畑中の音楽文化に注がれた情熱が、今日の「日本の歌曲」のありように大きな足跡を残している。[3]

また、クラシックの枠にとどまることのない、映画や演劇、ポピュラー音楽に連なる広がりこそは、人々の身近に寄り添う「音楽」の姿であるように思える。ジャンルに捉われない「うた」の創作も、日本歌曲のひとつのあり方であろう。古関裕而や木下忠司の「歌曲」、映画を基盤とした活動で「うた」を問う佐藤勝、「ソング」という形態の武満徹や林光の作品群は、「うた」の可能性を問いかけている。また〈上を向いて歩こう〉〈翼をください〉〈少年時代〉など、ポピュラー音楽として発表されたJ-POPの系譜に属する「うた」が、クラシックを専門とする演奏家のステージや録音で演奏されている事実は、日本歌曲のひとつのありようとして記録されている。

　これらの「うた」のいとなみは、作曲家の心を捉える詩の存在と、その作品を理解し、思いを伝える演奏家の真摯な活動なくして語れない。広く深い視点で日本語という言葉を読み込み、その言葉を音楽として表現する声楽家と、ピアニストが、日本の「歌曲」のいとなみをしっかりと支え伝えている。言葉をさまざまな技法が凝縮された音楽として表現する作品である「日本の歌曲」は、私たちのかけがえのない財産なのではないか。

3　畑中の歌曲の創作や演奏への思いは、畑中良輔『日本歌曲をめぐる人々』（音楽之友社、２０１３年）での先達へのまなざしからも実感される。また畑中の自伝として音楽之友社から刊行された三部作『音楽少年誕生物語』（２００２年）、『音楽青年誕生物語』（２００４年）、『オペラ歌手誕生物語』（２００７年）は、畑中の接したさまざまな日本の音楽史とも位置付けられる。

〈小さな空〉（詩・曲、武満徹）

この曲は、地域創造に関わっていた時に教えてもらった曲です。武満徹さんの器楽曲は、洸太朗さんも演奏していますので知っていましたが、武満さんの一連の「うた」は詳しくは知りませんでした。武満さんの音楽は、自分のロジックやコンセプトが明解で、作曲家が何を主張したいのかが実に明確です。私はこのように思うけど、あなたは？　と常に演奏者が試されているように感じられる怖さもありますが。

地域創造では、〈小さな空〉を子どもたちに歌いました。決して子ども向きの作品ではありません。子どもたちは現在が「子どもの頃」なのであり、この曲は、ある程度経験を積んだ大人が過去を振り返って「子どもの頃」を思い返す音楽かと思います。でも聴きやすく、美しい作品なので、演奏すると子どもたちも真剣に聴いてくれます。私は、子どもたちに演奏するときは、こんな問いかけをしています。この曲の歌詞には、「小さな空」という言葉は一度も出てきませんね。それに「空」は広いのに、何で「小さな空」というタイトルなんだろうね、と。

正解はないけれど、みんなはどう思う？　と問いかけると、さまざまな答えが返ってきます。すると、「大人になって子どもの頃を思い出すと空も小さいから」「涙が出て空が見づらくなるから」「病気で病院のベッドからしか見えないから」など、素晴らしい答えをもらって、私が勉強させてもらう音楽になっています。

コラム⑨

ソングという「うた」

武満徹や林光のように、演劇、映画、ラジオやテレビのドラマ、社会運動などから、親しみやすく思わず口ずさみたくなるメロディーの「うた」を生み出した作曲家もいた。「ソング」と呼ばれているこれらのうたも、「歌曲」のひとつの重要な形態である。

武満が作曲家を目指すきっかけとなった音楽との出逢いは、戦時中に勤労動員先の陸軍の施設で、一人の兵隊が〈パルレ・モア・ダムール（聞かせてよ、愛の言葉を）〉というシャンソンを聴かせたことだった。[1]「うた」を契機に音楽に開眼したという武満の思いが、「ソング」という作品群に収斂《しゅうれん》しているように思われる。

〈小さな空〉〈死んだ男の残したものは〉に代表される、『ＳＯＮＧＳ』（日本ショット社）に所収された武満の21曲の作品群は、狭義の「歌曲」や「アリア」ではなく、ラジオやテレビのドラマ、演劇、映画の主題歌や挿入歌、あるいは劇伴奏の旋律を流用して創作された。武満の「ソング」は、ポピュラーソングともいえるようなメロディーや、日常に息づく言葉で表現された音楽といえる。そこには、１９５０年代中期から晩年に至る武満の思索が刻印されている。
武満の「ソング」の特徴は、東京混声合唱団の委嘱等で、武満自身の編曲によるア・カペラ混声合唱版の発表や、石川セリ、小室等、高石ともや、石丸幹二、おおたか静流、アン・サリー、松田美緒といったジャンルを越えた多彩なミュージシャンが、大切に歌い継いでいることであろう。武満自身の「ソング」に寄せた以下の言葉が、その本質を物語っている。
「きっと多くの方が、なぜクラシックの、しかもこむずかしい現代音楽を書いている作曲家がこんなアルバムをつくったりするのか、不思議に思われたろう。『翼』といううたにも書いたように、私にとってこうした営為《いとなみ》は、「自由」への査証を得るためのもので、精神を固く閉ざされたものにせず、いつも柔軟で開かれたものにしておきたいという希《ねが》いに他ならない」(『石川セリ・翼　武満徹　ポップスソング』のライナーノーツ、「ＰＯＰ　ＳＯＮＧＳ」[2])
「どのうたにも忘れがたい思い出がある。甘く、いくらか感傷的なうたばかりだが、未熟

1　例えば、武満自身の著作では、「暗い川の流れに」(『樹の鏡　草原の鏡』所収)や、「私の中の日本人」(『音楽の余白から』所収)などで言及されている。
2　CD『石川セリ・翼　武満徹ポップ・ソング』ライナーノーツ(『武満徹著作集5』463ページに「POP SONGS」として再掲

なりに、率直な表現ではある。編曲をおえて、アマチュア合唱団が楽しげにうたうのを聴いていると、うたは既に私の手から離れて、小さな翼でけなげに飛び去ってゆく。私の意図とは別の風景の中で、うたごえが谺する。作、編曲者としてこれに勝る喜びはない」（『武満徹　混声合唱のためのうた』のライナーノーツ、「うた」）[3]

林光も「ソング」に拘った作曲家だった。林自身はソングについて、次のように語っている。[4]

「歌がほんらいの機能をはなれて、（このばあいなら、劇中歌という役割から飛びだして）人びとのあいだを漂いはじめるということが、ぼくのばあいに起こったということ」

「歌が、それがつくられ歌われた直接の動機から（このばあいなら、芝居の筋から）はなれてひとり立ちするのが〈ソング〉の条件のひとつだとするなら、〈かわいいシュゾン〉の歌は、そのはじまりだった、もちろん、ごくささやかで、たあいのない」

人々の中にある歌がソングであるという林の認識は、まさに林の創作姿勢そのものだった。引用は、林が音楽を担当した劇団俳優座公演《フィガロの結婚》の劇中歌〈かわいいシュゾン〉について述べたものだが、林自身は、〈かわいいシュゾン〉に始まる劇音楽、１９５１年の〈たたかいの中に〉を起点とする社会批判や社会運動に連動した音楽を、明確に「ソング」と位置付けている。

林の多彩な活動の中で、劇音楽や社会的意識を抱いた「うた」、こんにゃく座に代表されるオペラのほか、1957年に発足した「音楽教育の会」の活動への関わりも重要である。そのために林が創作した音楽もまた、「ソング」と位置付けるべき作品群で、まさに「人々のあいだを漂う」ものとして歌われた音楽である。

このような武満や林の「ソング」創作は、他の作曲家にはない取り組みであり、童謡や子どもの歌とはまた異なる「うた」の役割を考えさせられるものといえる。「ソング」は、既存の「うた」のワク組みでは包含できない、いくつかのジャンルを横断する音楽なのではないか。これこそ、私たちの日常に寄り添う音楽のひとつの姿を示している。

3　『武満徹 混声合唱のためのうた』ライナーノーツ
4　林光『林光歌の学校』（晶文社、1993年）107~108ページ

〈ありがとう〉（詩・時光花奈、曲・歳森今日子）

２０１８年10月にリリースしたＣＤ『「ありがとう」を風にのせて』のために、歳森今日子先生にお願いして作っていただいたオリジナル作品です。

このアルバムは、日本の「うた」だけを収録したＣＤですが、私が5年間、日本で活動を継続できた感謝の気持ちを込めてリリースしたものでした。

先生には「新しい作品で、私の感謝の気持ちを皆さんに伝えたい」とお話ししたのですが、先生は、「ありがとうという感謝の気持ちが込められた詩がない」とおっしゃった。先生は、「自分で詩を書けば？」とおっしゃったけれど、私には、とても詩を書くことができません。そこで、歳森先生にアドバイスいただき、私がどのような気持ちを伝えたいかを書いて、作詞の時光花奈さんに伝え、時光さんに詩を書き下ろしていただきました。時光さんからは、「自分のストーリーをつづるものにしたいか、それとも誰でも歌えるものにしたいか、どちらですか？」という投げかけを頂いた。私は、単に自分のことを書くだけでは、その場だけの音楽になってしまうので、感謝をテーマとして誰でも歌える音楽にしたいとお返事しました。それで生まれたのが、〈ありがとう〉です。歌曲として発表しましたが、多くの皆さんに歌っていただけることを願って合唱版もあったらいいなと思い、先生にお話ししてみたら歳森先生は、合唱版も書いてみるとおっしゃっていました。

ここに掲げた以外にも、素晴らしい歌曲は、まだたくさんあります。〈出船〉（詩・勝田香月、曲・杉山長谷夫）は、凝縮されたピアノの前奏が非常に印象的ですし、〈夏の思い出〉（詩・江間章子、曲・中田喜直）は爽やかな尾瀬の夏の光景が手に取るように表現された作品で、来日早々の頃から機会があれば演奏してきました。〈浜辺の歌〉（詩・林古渓、曲・成田為三）と〈浜千鳥〉（詩・鹿島鳴秋、曲・弘田龍太郎）は、どちらも美しく、どこか明るさも感じられる曲で、日本歌曲では珍しい曲だと思います。〈椰子の実〉（詩・島崎藤村、曲・大中寅二）は、地域創造に取り組んだときに知った曲で、それ以来、素敵な曲でステージでは必ずといってよいほど演奏しています。皆さんが親しみやすく、思わず口ずさみたくなる美しいメロディーをもつこれらの曲は、うたの素晴らしさが凝縮された曲のように思います。

Ⅳ・ヴィタリの笑顔

1. 日常生活に音楽を

私は、主にオペラや歌曲の演奏に取り組んでいますので、ジャンルとしてはクラシックが一番身近であることは事実です。でも、それは一部であって、いろいろな音楽を好んで聴きます。好んで聴くのは、フランク・シナトラとかトニー・ベネットです。彼らの楽曲では、〈Fly me to the Moon〉、〈My way〉、〈I’ve got you under my skin〉などが大好きです。これらの曲が好きになる、また歌いたくなる理由は、クラシック系の歌曲と同じで、音楽が美しくてちゃんとした意味があることと同時に、ストーリーを語るような詩の言葉に引き込まれるからです。また、ジャズに近い感じになりますが、エラ・フィッツ・ジェラルドとかナット・キング・コールとかもいいですね。彼らの音楽を、シャワーを浴びながら、あるいは料理を作りながら、聴いたり歌ったりしています。私はそのような、好きで気軽に口ずさむ音楽を「シャワー・レパートリー」と呼んでいます。クラシックでもポピュラーでも、ジャンルを問わず、ロマンチックな音楽が好きなので、聴くだけでなく、時々演奏もしています。

語学をマスターする上でも、日常生活で音楽を聴くことは大切です。私はスペイン語が好きで経営学部でも勉強していましたが、特に大学4年の頃は、さまざまなスペイン人のミュージシャンのCDを聴いていました。ドミンゴはもちろん、クラシックだけでなくポピュラー系の音楽も。語学を勉強する時には、文法は必須ですが、何より会話をして聞き、伝えなければ意味がありません。とにかくその言語を聞いて耳を鍛えないといけない。私は、最も綺麗に発音できるのは、俳優や歌手だと思っています。ですので、スペイン語を勉強した時には、スペインのミュージシャンの演奏を聴いたり、スペイン映画を見たりして言葉を勉強しました。ドイツに拠点を移した時は、私は毎週末、映画館でドイツ映画を観ていました。とにかく一番綺麗な発音を聞かないといけないと思って。日本語は、美空ひばりさんの歌と彼女の出演した映画で勉強しました。彼女の発音は本当に綺麗です。

オペラだと、マリア・カラスが同様に、言葉を大事にした音楽家です。私は、音楽に興味をもち始めた頃から既にマリア・カラスのファンになっていて、ロシアにいた時もドイツに移った時も、彼女の演奏やインタビューの画像を見たり録音を聴いたりしていました。そのようなカラスの言葉では、「オペラ演奏で迷いや悩みが生じたら、もう一度楽譜をよく見なさい。書いてある音楽が理解できれば、自然に身体が何かを生み出す」と話していたことがありました。それは、音楽や詩を大切に理解しなさいということを私に教えてくれたように感じています。

そう思うと、ひばりさんとカラスは、人生も似ています。長寿を全うされたわけではないし、プライベートでは必ずしも幸福ではなかったかもしれない。しかし、アーティストとして素晴らしい芸術性を持っていたし、芸術家としての素晴らしさは特別でした。そして、何といっても努力家です。音楽家としての技術レベルのみならず、その姿勢も勉強になります。

2．音楽とともに味わう

私の日常は、いつも音楽とつながっています。

食事は、自分で作るのが大好きですし、またスイーツ作りも趣味で、歌いながら楽しんでいます。牛もモーツァルトを聞かせるとミルクが美味しくなると聞いたことがありますが、私も同じで、音楽を聴きながら料理をするので美味しくなるのだと思います。

父はケーキ作りが趣味だったので、子どもの私も横で一緒に作っていました。私の誕生日ケーキや、正月の特別な小さいタルトレットなどを作っていました。結構美味しかったし、一緒に作るのは楽しかった。そんな経験があったせいか、今も私は料理を作ることを楽しんでいます。第一、自分で作るととても美味しく感じられます。それでも、ロシアでは、高校、大学と進学すると忙しくなったし、母が作ってくれるので、私がやる必要がありませんでした。

でも、ドイツに移って一人暮らしになると、必然的に自分でやることになりました。ドイツ人の文化は外食です。もちろん自宅で作る人もいますが、大半の皆さんは友達と一緒に三食とも外食です。でも、私はほとんど自炊していました。日本人の皆さんも、ご自宅で作っているようですが、私は共感できます。美味しくないと食べられないので、自分で美味しくできるように頑張っています。今は、YouTubeにいろいろとアップされているので、作り方が参考になりますね。ドイツで最初に住んだアパートはキッチンが狭くて、あまりきちんとした料理が作れませんでしたが、二軒目のアパートはキッチンが充実していてオーブンもあったので、ケーキを

秘伝のレシピで作るアップルケーキ

作ってみたいなと思って、簡単なものから作り始めました。その後、兄とお金を出し合って自分たちのマンションを購入した時には、料理をちゃんと作りたいと思ったので、よい台所を作ってもらって、いいオーブンを買って、いろいろなものを作っていたので、少しずつ上手になってきた感じです。

日本に来たら、料理の上手な方にいろいろなレシピを教えてもらいました。卵焼きも習って、上手に焼けるようになりました。料理は、職業ではなく趣味なので楽しいですし、自分の仕事のストレスや人生のストレスを忘れて夢中になれます。私はいつも思っているのですが、音楽は終わりがなくて、いくら勉強しても、まだ足りない、もっと向上して上手になろう、エンドレスです。頑張っても、頑張っても終わりが来ない。自分にとって少し不安なところです。でも、料理は、完成して美味しくいただいて終了です。上手く作って、美味しく食べて、満足できるというように、完結できます。まずいと満足できませんから、美味しいものが作れるように頑張れるところも、良いかなと

甘い香りがふわっと広がる私が作ったシナモンロール

思っています。

オペラなどのように誰かと一緒に演奏する時、私は時間があれば皆さんと楽しめるように、スイーツを作っています。素晴らしい皆さんと共演できる、ご一緒させていただける喜びと感謝の気持ちを、スイーツで表現してお伝えできればと思って作ります。私は、まだ皆さんのような素晴らしいレベルの演奏家ではないけれど、この場で一緒に演奏できて幸せです、という気持ちなのです。

好きで作っているケーキのレパートリーは、結構増えてきました。２０１９年を振り返ると、チョコレートケーキ、チョコレートゼリー、リンゴケーキ、チーズケーキ、フルーツタルト、パウンドケーキ、オートミールクッキー、普通のクッキーなどを作っています。最近はパンにも凝っていて、レーズンパンとかシナモンロールとかを作っています。どのように焼きあがるか、想像しながら楽しんでいます。

こだわりの粉を使ってケーキ作り

２０１９年９月に、山形県の酒田市民会館希望ホールで演奏した際、とにかくお米が美味しかった。そこから送っていただいたお米で、そうだ、リゾットを練習してみようと思い、自分でチキンストックを作り、少しずつ水を足していきながら、初日、二日目、そして三日目は白ワインを入れて工夫してみたら、美味しくできました。工夫しながら味を作っていくのは、楽しいものです。いろいろなレシピを試しているうちに、少しずつ自分の味のイメージが確立していきますね。こんな味の料理を作りたい、それを想像しながら作ってみたら、何となくイメージに近いものができるようになってきました。そろそろ自分なりの料理ができるようになったのかもしれない。

ロシア料理は、日本料理のような豊かなバラエティーがないと思います。特に、ソ連の時代は食べ物のバラエティーがすごく少なかったけれど、ソ連からロシアになって文化がすごく変わった印象があります。

皆さんよくご存じのピロシキには、キャベツとゆで卵とか、挽肉とか、中に入れる具材にはいろいろなバリエーションがあって、デザートっぽくする時は、リンゴを入れることもあります。あとは、フランスのガレットみたいなブリヌィというものがあり、スモークサーモンとか、イクラとかサワークリームを入れたりしますが、これも具材によってはデザートにもなります。私が思うに、ロシアの寒い冬のために、温かく熱い感じの食べ物が多いと思います。スープもそうですね。ボルシチは、元々はウクライナのものかと思いますが、ロシア料理としても美味しいです。アルコールは、ウォッカがメインで、それも体を温めます。

3．東京が魅力的である理由

私は、日本の中でも、第一に東京を愛しています。自称「東京愛」です。

東京はとてもスタイリッシュな美しい街で、何より東京独自の特別なスタイルがあります。特に、丸の内や日本橋などは、素敵な街並みですね。ビルがいっぱいある街は今どこでもありますが、東京は特別だと思います。何が「特別」なのかうまく表現できませんが、いるだけで、この街を窓から見ているだけで幸せな気持ちになるのです。私はたまに一人きりでゆっくり物事を考えたくなるのですが、そのような時は景色のよいホテルに泊まって、1日でも2日でも、これからどのように過ごしていくべきかといったことを心の中で整理しながら、景色を眺めています。東京の風景を見ながら、「あなたは、日本に住みたかったのでしょ、そして今住んでいるのでしょう。だから頑張れ」と自分に言いきかせています。その意味では、東京からインスピレーションをもらっています。辛く苦しい時でも、東京の街を散歩していたら、安心できます。

とにかく都心をゆっくり歩きます。時間があれば、3時間でも4時間でも。一番歩いたのは、新宿からお台場まで。とにかく歩き回って、気に入った景色があれば写真を撮って。写真を撮りたくなるくらいに、美しい街だと思います。

もう一つの東京の特徴は、プレッシャーがない街だというところです。皆さん、感じ方はそれぞれですが、例えば、私にはパリは冷たく感じます。自分はここにいていいのかな、と思えてしまって落ち着きません。「ここはパリよ」と街並みから見下ろされているように感じる時があります。ニューヨークも、世界の首都と言われていますが、私には自分の住める街には思えませんでした。大学に通ったドイツは、美しく住みやすい街はたくさんありますが、ずっと住み続けたいとは思わなかった。その点、東京は私の気持ちにぴったりです。街を歩いていても、急いで走る方は「どうぞお先に」、のんびり歩きたい方には「ゆっくりどうぞ」という感じで、どんな人でも受け入れてくれます。頑張りたい人は頑張って、さあ、チャンスを掴んでください、というやる気を導いてくれます。その一方で、ちょっと立ち止まりたいとか、焦らずいきたいと思う人には、カフェやベンチなど一休みできる場所もあるし、雰囲気もある。マイペースでいく方はマイペースで、という懐の深さがある街だと感じています。そのようないろいろなスタンスの人たちに、いつでもウェルカムだよ、というのが東京という気がします。

同じホテルに泊まりに行くと「お帰りなさい」と迎えてもらったり、レストランでも外国人の私を温かく受け入れてくれます。私は常に「日本は素晴らしい、住みやすい」と言い続けていますが、最近では私の友人も日本のよさを分かってきていると感じます。特にここ数年、世界中でいろいろな問題や紛争が発生していますが、そのような国際情勢の渦中にいると、改めて日本という土地のよさ、日本人の皆さんの国民性の素晴らしさを実感します。

日本トスティ歌曲コンクールに触れた際に、奈良に魅了されたことをお話ししましたが、奈良という街にも特別な思いがあります。やはり、東大寺などの寺院や、春日大社のような神社が街並みの中にありますので、特別スピリチュアルな雰囲気を感じます。私が奈良を訪れた時、初めて参拝した神社が春日大社だったので、余計に強い印象が残ったのかもしれません。神社の厳粛な森の雰囲気は、普通の世界ではないと感じました。そんなことをある人に話したら、神様は鎮守の森にいると教えてくれました。私が神社の森に特別な思いを感じたことは自然だよ、と言われたことがあります。同じ意味で、東大寺も非常に特別なお寺です。私は、奈良を1年に2～3回は訪問しますが、お寺や神社の周りを歩き回るのが楽しみです。何もせずに歩き回っているだけで、自分の心が洗われて綺麗に、透明になったように感じます。コンサートで奈良を訪れる時も、できるだけ散歩する時間を作って、特に本番当日でも早朝6時には散歩しています。本当に気持ちがすっきりするひと時なのです。

4. 音楽家の使命と願い

●演奏家の重要な使命

私自身がまだまだ勉強中の身ですから、あまり生意気なことは言えません。

でも、ロシア、ドイツで勉強してから日本に来て思ったことは、日本語を母国語とする日本の歌手の皆さんは、日本のうた、それは歌曲、唱歌、子どもの歌、ポピュラーを問わずですが、日本語を歌うための勉強をもっと意識して行うべきなのでは、ということです。

繰り返しになりますが、ドイツではドイツ語の歌曲の勉強を徹底して行います。そしてしっかり演奏の準備をします。母国語であるが故に簡単に「歌える」のではなく、さらに深く「歌うため」の言葉の勉強をしないと、言葉を歌うことはできないのです。自分の母国語だから簡単に演奏できるというのは明らかな間違いです。日本の音楽大学でもそのような教育が、もっと徹底されたら素晴らしいと思います。ステージや録音で演奏する際には、必ず先生にレッスンを受けて、悪い点をチェックしていただき、直してから本番に臨むことも必要なことと思います。そして、ぜひ「楽譜ではなく音楽を」歌ってほしい、そして歌でよい時間を作り上げてほしいと思います。「日本のうた」を文化として大切に演奏していけたらよいですね。

イタリア人のソプラノ歌手マリエッラ・デヴィーアさんは、もう71歳ですが、素晴らしい歌手です。彼女が来日して演奏した時に、近くに一人のイタリア人がずっといて、彼女が合間にその方と何かを話した後、また舞台に戻って演奏を再開したら、それまでとは全く違う感じで演奏していたことがありました。一体、あの話をしていた方は何者だろうと思い聞いてみたら、イタリア語の発音の先生だった。彼女はイタリア人だし、世界的に有名な歌手でも、いつも傍らに先生がいる。そして、その先生は彼女の舞台を聴いて、この発音が聞き取れなかったとか、ここのフレージングはおかしいといったことをアドバイスしている。歌を演奏するには、このような客観的なフィードバックが必要なのです。一流の演奏家でも、自身の演奏を客観的に聴いてもらい、アドバイスを受け、直していく、そのプロセスを大事にするのです。

名曲は、素晴らしいと評価され「名曲」となった理由がありますが、お客さまに知られていない曲の中にも素晴らしい曲はたくさんあります。だから、私たち演奏家が、積極的にリサーチして楽譜を読み込んで、演奏することによって紹介しないといけません。隠れた名曲を開拓して、調べて、勉強して紹介することは、演奏家の重要な使命です。皆さんに紹介して、聴いてもらって知っていただき、愛唱してもらうことも演奏家の重要な役割と考えて、私自身も勉強しているような毎日です。

●聞いてみて、気づいて欲しい

子どもの頃に、学校でいじめられた、親とうまくいかなかったときに、クラシック音楽で救われたという人を何人も知っています。大人になってからも仕事を持っている人も、アマチュアのオーケストラで音楽をする人がいます。そう思うと、音楽の力はすごいですね。コンサート会場で生の音楽を聴くと、音の波動が聴く人の胸に届いて震えるときがありますね。音楽を聴いて、自分が気づかないうちに涙が流れることもあります。辛くて苦しくて大変な時、クラシック音楽を聴いて心が救われた人もいるでしょう。それぐらい深い音楽がいっぱいあります。

　でも、クラシック音楽は宣伝が足りないと思います。テレビ番組もラジオ番組もありますが、クラシック音楽ファンが聴いているだけ。新しいお客さんを得るために、こんなに素晴らしい音楽があることをもっと知らせる機会があれば良いと思います。子どもの頃から、そういう音楽に触れる機会を与えてあげると、クラシック音楽に興味を持つ人がもっと出てくると思います。オペラ歌手を生のコンサートで聴くと、人の声が楽器であることが分かるし、自分の身体に響いてくることも分かります。オーケストラも、ＣＤで聴くのと生で聴くのとでは全然違います。

　だから大人の皆さんにお願いしたいです。子どもたちにクラシックを聴く機会を与えられるよう、考えてください。一流の音楽家たちも、未来のお客さんを作る努力をしてほしいですね。世界で活躍しているモル先生も、ベルリンフィルのメンバーと一緒に、地域の子どもたちのために演奏します。音楽家は、「コンサートに人が集められない、チケットが売れない」と言うばかりではなく、「こんな素晴らしい音楽があるよ」ということを見せていかないといけないのではないでしょうか。

演奏を聴いていただく皆さんにもお願いがあります。これは知らない、知らなくていい、聴きたくない、ではなく、とりあえず何でも聴いてみて、気がついてほしい。例えば、オペラは演奏時間が長い、そしてチケットは高い、だから聴かない、のではなく、一度は聴いてみて判断してほしいと思います。どんな音楽でも、聴いてみればきっと何か感じるものがあるはずです。シンフォニーでも、歌曲でも、オペラでも、バレエでも、ポップスでも何でも。例えば、毎日同じものを食べていたら飽きるし、病気になりますよね。フレンチ、イタリアン、和食、いろいろと取り混ぜてみないとその良さ、尊さは分からないのではと思います。

地方での昼のコンサートで忘れられない話があります。友人に誘われて初めてクラシックのコンサートに来た年配のご婦人が、「朝は、畑で仕事をしてきました。友達に誘われて、クラシックのコンサートに初めて来ました」と言われたので、私はびっくりしました。けれど、コンサートを楽しんでいただけたようで、良かったです。このご婦人は「私は、クラシックは分からないから」と言わずに来てくださって、素晴らしいと思います。誘ってくださったお友達も素晴らしい。

5. 私にとっての歌曲

●日本人の慎ましさが好き

ヨーロッパの文化は、ロシアでも、ドイツでもフランスでも、「街」の文化で、自然から遊離しています。でも日本は、四季の自然が生活と一体ですね。日本では、人間は自然の中に入っている。日々の生活で、自然と共存し、川も、木も、石も、大切に接しているのが、日本の文化の根源だと思います。自然からインスピレーションを受けて詩を作る、そしてその詩をテキストに歌曲を創作するというのは、ヨーロッパにはない日本の文化です。ヨーロッパでは、自然を自然そのものではなくて、人間のロジックを入れようとする。でも日本では、自然そのものが最高の存在であり、建物も、食べ物も、服も、自然を見て、自然から習って作りあげます。

　例えば、食べ物ですが、ヨーロッパの料理では必要なもの以外は使わずに棄ててしまいます。作るときに、あれもこれもいらないと。でも日本では、野菜でも魚でも肉でも全部使います。

日本人は慎ましいですね。ヨーロッパは、王族も貴族も、お城はできるだけ大きく、金やダイヤモンドで派手に飾りますが、日本は派手に飾らない。皇居も、すごく美しいけれど、自然を邪魔しないように作ってあります。以前、悠仁さまが三歳か四歳になられたときのドイツで見たニュースが忘れられません。ニュースで流れた悠仁さまの、「好きなことは、お姉さまの自転車に乗ること」というコメントを聞いた時、本当に驚きました。皇室の方がお姉さまのお下がりの自転車をもらうということが、私には考えられないことでしたから。日本人の考え方が見えて素敵だなと思いました。

ここで述べることは、あくまで私見ですが、日本歌曲には、日本の国民性が顕著に表れていると思います。日本人には、他人には公言しないけれど、一人ひとり自分の中に秘めた確固とした気持ちや思想があります。でも表立って人前でその気持ちをひけらかすことはしません。日本人は、自分の気持ちを自分の中で考え、感じ、外に感情を出さずに、他人に優しく丁寧に接している。自分が苦しんでいても、悩んでいても、決して外には出さず我慢して自分で解決しているように感じます。ロシア人もどちらかと言えば、そのような気質のように思います。

●東洋とは違う西洋の音楽表現

ヨーロッパでは自分の感情をそのまま表に出します。気持ちを外に出して、誰かに送ります。例えば、ドイツ人は、気分よく他人に優しくしてくれますが、自分の内面を直接的に誰にでもぶつけてきます。そのような国民性が音楽にも表れています。

イタリアの歌曲は、苦しい気持ちを歌う時にも大きい声で歌う。一度立ち止まって自分の感情を自分の中で考えるのではなく、自分の気持ちを常に外に出して、単刀直入に表現します。フランスの歌曲は、芸術的に美しいけれど深みに欠ける印象があります。ドイツの歌曲は、《冬の旅》の〈魔王〉や〈小人〉のように、恐ろしさや暗さを前面に据えた作品もありますが、自分の主体的な気持ちで畏怖を感じる作品ではないでしょう。日本人やロシア人の好む音楽には、自分が内面で感じ、思っていることをつづる作品が多いのではないでしょうか。人に見せられない、苦しくても誰にも言えない、それを言葉に込めて音楽で表現するような歌が特徴のように思います。

ロシアでは、結婚式の前にたくさんの悲しい歌を思い切り歌って、それまでの悲しみを涙で流してしまえば、結婚の後はずっと幸せになれるというような考え方があります。自分の怖いこと、悲しいことを涙で見送る、そして自分の心配だったことを歌に出して、泣いてしまう。それで全部出し切って結婚したら、その後は幸せになれるという信仰で、その典型がロシア民謡なのではと思います。ロシアでは、ロシア民謡の伝統が、ロシア歌曲にも通底しているように感じます。

●日本歌曲は四季が源泉にある

その点は、日本歌曲にも共通するのではと思います。美空ひばりさんの曲にしても、〈荒城の月〉をはじめとする私が出逢った日本歌曲も、一度として遠いものと感じなかった。瀧廉太郎は、彼もライプツィヒ音楽大学に留学していましたので、私の大先輩ということになります。大学の近くには、彼の銅像もあって、私が日本や日本のうたに興味を持ち始めたタイミングということもあり、瀧廉太郎という作曲家を意識するようになっていました。〈荒城の月〉との巡り合いや思いも、偶然ではないように感じられます。

先ほど自然と音楽の関係に触れましたが、日本には四季という素晴らしい季節感があります。この季節感が、うたにも表れています。日本の四季のバラエティーが、日本のうたの源泉にあるのではないでしょうか。確かに、例えばトスティの歌曲にも四季を歌う作品がありますが、季節感の厚みや深さが、日本歌曲の一つの魅力になっていると思います。

季節を歌う日本歌曲を、その歌の季節に演奏すると、実感しながら歌えるのも素晴らしいですね。

日本歌曲は、ピアノが非常に大切です。ライプツィヒ音楽大学でドイツ歌曲を勉強した時に痛感しましたが、オペラではアリアの時など管弦楽は明らかに伴奏になっている。でも歌曲は、歌と伴奏ではなく、歌とピアノの二重唱です。例えば、〈平城山〉のピアノは箏のイメージ、〈出船〉のピアノは船や波の音のイメージ、そんなイメージをピアノがしっかりと伝えなければいけません。そこに、歌詞をどのように乗せなければいけないか、主張しなければいけないか。これはまさに二重奏の世界です。繊細な日本歌曲は、そのような声とピアノの音が求められると思っています。

オペラの歌唱法で歌曲は演奏できないのです。オペラは、盛り上がりを作って最高潮へ持っていく歌唱が求められることが多い。最後に向かって身体全体を使って響かせる。でも歌曲は、子音と母音を意識して、しっかりと詩の言葉を主張しなければいけません。音量勝負で日本歌曲を演奏したら、作品を殺してしまうことになります。発音も発声も、日本語を歌う歌曲のためのものでないと、よい演奏にはならないのです。さらに、強弱にも細心の注意を払わなければ、詩の世界が崩れてしまいます。この点は、塚田先生からもじっくり教えていただきました。

●日本人の心に響くロシアの音楽

ラフマニノフの音楽は、日本人の意識に非常に近いと感じます。私には、うまく科学的な説明はできませんが、感覚として私が感じているのは、チャイコフスキーの音楽は自分の心の中の世界が音楽になっているのに対し、ラフマニノフの音楽は、海の広さや強さのような奥行きがあります。曲を聴いてみると、やはり海のイメージが強い。ピアノコンチェルトでも歌曲のピアノでも流れが聞こえてきますが、それが川の流れではなく、海の波が来るような音になっている。そのようなラフマニノフの音が、ピアノコンチェルトでも交響曲でも歌曲でも、日本人の心に響きやすいのではないでしょうか。海は、地方によって色が変わります。太平洋と日本海は色彩が全然違いますが、そのように、日本人にとっては、他のヨーロッパの国々の音楽よりロシア、特にラフマニノフの音楽が、感じやすい、共感しやすいのかなと思います。そして、ラフマニノフの真骨頂は、彼の歌曲のピアノの深さです。もちろん歌のメロディーも素晴らしいのですが、極端な言い方をすれば、歌が無くても、歌曲の音が聴こえてくるような主張を持っているということです。そのようなラフマニノフの歌曲には、後で触れる、R・シュトラウスやマーラーに私が感じている、「白鳥の歌」のような輝きがあるように思います。特に《6つの歌》作品番号4の中の〈朝〉は、大好きな作品です。だから、ラフマニノフは今後もしっかり演奏していきたい作曲家です。

もちろん、チャイコフスキーも大切な作曲家です。素晴らしい歌がたくさんありますが、特に私は、《6つの歌》作品番号6の中のゲーテの詩による〈ただ憧れを知る者のみが〉が大好きです。この曲は、ドイツ語、ロシア語、英語など、どの言語で演奏しても感動する音楽で、詩の世界に思いが投影できます。オペラのみならず、ドイツ歌曲の演奏でも定評のあった、ソプラノのエリーザベト・シュヴァルツコップや、フランク・シナトラといったジャンルを越えた歌い手が演奏していたのも、このような感動の音楽だったからなのではないか、と思っています。

●トスティ作品への思い

トスティについて、私はこのように書いたことがあります。

勉強することが好き。調べることが好き。

F．P．トスティの作品は歌曲だけでも350以上です。一度インタビューのときに「トスティの曲の魅力、彼の特徴は何ですか？」と聞かれて、私はすぐに答えました「トスティの歌曲の中で美しくない曲はありません」。

もちろん、「ラ・セレナータ」、「マレキアーレ」など、カンツォーネのような曲が一番知られているけれど、トスティの素晴らしい才能をきちんと理解するためには、彼の芸術歌曲を聴いた方がいいと思います。特にガブリエーレ・ダンヌンツィオの詩で作った曲。

ダンヌンツィオは音楽がとても好きで、ギター、マンドリンが上手でした。歌にも興味をもって、時々自分の詩を歌にしたいと思い、音楽をのせやすいように詩を書きました。彼の友人のトスティは天才詩人のダンヌンツィオのテキストをとても大事にして、歌詞のスタイルに合わせて、いつもダンヌンツィオが望んでいる曲を作るようにしました。だからこそ、「２つの小夜曲」、「アマランタの４つの歌」は最高です。

私は初めてアマランタを聴いたときにロミオとジュリエットのストーリーだと思いました。１曲目はジュリエットにとっては朝がくることが苦しい、ロミオと離ればなれにならなければならない。２曲目は彼の、若い男の熱烈な歌。夜だけが欲しい、昼を見るよりも死んだ方がいいと。次の曲はジュリエットがロレンツォに自分の絶望の気持ちを伝える。最後の曲はロミオが自殺した後、彼がいないので自分も死のうと決めるジュリエットの歌。こんな想像をしました。その後、自分でアマランタについて調べてみましたが、詳しいことはわかりませんでした。だから、ロミオとジュリエットの話だというのは自分のイメージだけとして、歌うときにも私の想像をお客さんに話して、「嘘かもしれないけど、今回はこんな感じで聴いて下さい」と伝えていました。

しかし、曲のことをちゃんと調べないまま歌うと歌詞の深さを理解出来ないですし、お客さんにもこの曲の本当の素晴らしさを見せられないと思って、もっと詳しくリサーチしてみました。

それでもほとんどの文章が、１９０７年、トスティ作曲、ダンヌンツィオ作詞。大体それで以上。ときどき音楽的な説明が書いてありますが、なぜこんな歌詞になっているのかということについては書いてありませんでした。そんな中、ようやくジュゼッピーナ・マンチーニのことだ、と書いてある本に出会いました。だけど彼女は誰？　どういうこと？

彼女の名前で検索したら、沢山のイタリア人のフェイスブックのページが出てきた（笑）ので、次に、マンチーニ／ダンヌンツィオで調べたら、遂に二人のストーリーが出てきたのです。

アルコール依存の夫との生活で苦しんでいたジュゼッピーナ・マンチーニ伯爵夫人は、ダンヌンツィオに会ったとき、35歳で子どもが二人。彼女は普通の人でしたが、彼は少しドン・ジョヴァンニのような人で、恋人がたくさんいました。マンチーニ夫人のことも好きになって、恋人にするために色々頑張りましたが、彼女はいつもオファーを断ります。そして一年をかけてダンヌンツィオはやっと勝利しました。「危険な関係」ではないですか？　でも、彼は実在している女性そのものではなくて、いつも自分の中で女性の美しいイメージを勝手に作り、そのイメージを実在する女性に当てはめて恋をしたそうです。新しい恋人を彼女の本当の名前だけで呼ぶのではなく、特別な名前を作ることもありました。詩人だから、仕方ない（笑）。そんなマンチーニさんの一つのあだながアマランタでした。アマランサスの花。20カ月間密会を重ねているうちに、彼女は詩人のパッションに取り込まれながらも、自分は夫や子どもたちの嫌がることをやってるんだという罪の意識で、精神的な問題を持つようになります。ないものが見えたり、自分に話しかけたりするようになり、遂に精神病院に入れられてしまいます。マンチーニは実際にはダンヌンツィオより30年も長く生きましたが、彼が恋したアマランタはそこで死んでしまいました。

夜しか会えない、密かに恋する二人。自分の運命を受け入れて、死ぬアマランタ。事実とは違うけれど、ダンヌンツィオの目から見た二人のストーリーは、まさにロミオとジュリエットではなかったでしょうか。

出典：ラ・ヴァルス　by　ぶらあぼ

ダンヌンツィオの詩は官能的で、彼が初めてこのテーマで詩を作ることになった時、スキャンダルになりました。「あなたは素晴らしい才能を持っているけど、こんなことを書くの?」と、いろんな評論家から言われたようです。でも本人は、新しい、まだ誰も考えたことのない世界を作るのだ、という意識でした。例えば、私も録音した〈Per morire（死ぬには）〉は、とても興味深い音楽です。二人が別れかけた時期、まだドラマは何もないけど、お互いに疲れた……あなたのためになら死ねるけれど、あなたと最後までずっと一緒にいることはできないよ、と。私は、他にこんなテーマの詩を知らない。とても面白いです。

トスティはダンヌンツィオより16歳年上でしたが、トスティもダンヌンツィオも、お互いの才能を認め合って作品に取り組んでいました。私は、このコラボレーションはとても素敵だなと思っています。トスティは世界的に有名な作曲家だったし、イギリスの女王の子どもたちの音楽の先生でしたが、ダンヌンツィオにはすごく才能があると分かっていて、ジェラシーを抱くことなく大事にした。チャイコフスキーも、若い頃のラフマニノフとか、若い生徒たちに才能があると思って、いつもサポートしていましたね。ダンヌンツィオの詩で作曲した作品は、〈Sera（夕方）〉、〈Consolazione（慰め）〉など、この世界はちょっと厳しすぎるから子供の頃に戻りましょう、そんな父親のような心境で書かれています。

二人のコラボレーションは素晴らしい。

私は一度、面白いことを言われました。市原太朗先生の奥さまの八千代先生は、私が酒田でトスティを歌うことになった時にリハーサルを聴いてくれました。そこで、「あなたはトスティの曲の特徴は何だと思いますか？」と聞かれて、私は「美しいですし、ダンヌンツィオの詩の曲は深いです」と。すると八千代先生は、「それはそうだけど、トスティはどんなに悲しい歌でも、幸せな気持ちで歌わないといけない」と言われました。考えてみると、本当にその通りです。どんなに悲しい曲でも、歌うこと、この曲が生まれたことに、嬉しさや幸せな感じが鮮明ですね。暗い曲を歌っていても、自分の中で幸せになっている感じで歌いなさいよ、と言われました。それはよく考えてみると、トスティの人生が反映されているように思われます。不遇な生活から始まって、作曲家として名声を得た。どんなに苦しいことがあっても、それを乗り越えると幸せがある、という彼の人生観が、どの曲にも込められている。だから彼の曲はどれも美しいのかな、と思います。

●ドイツの作品

ドイツの作曲家では、まずＲ・シュトラウスは意識して取り組んでいきたい作曲家です。

彼の作品では、《8つの歌》作品番号10の中の〈夜〉と〈万霊節〉、《5つの歌》作品番号41の中の〈子守歌〉が特に好きです。

また、これからもっと深く見据えていきたい作曲家がマーラーです。私は、ドイツではマーラーの作品も歌いましたが、あの頃は下手すぎて人前で演奏することは出来ず、友人の試験のために覚えて一緒に歌い、それでおしまいでした。でもその時に、マーラーの素晴らしさを実感して、勉強して機会があれば演奏したいと強く思うようになりました。マーラーの作品では、《フリードリヒ・リュッケルトによる5つの歌曲》にじっくりと取り組んでみたいですね。私は、シュトラウスもマーラーも、ロマン派の最後の輝きを彷彿させる作曲家のように感じています。特にここに挙げた作品には、20世紀に押し寄せる息苦しい時代を目前にした世代の息吹きを感じていて、まさに「白鳥の歌」のような、深遠で美しい音楽のように思えてなりません。

ヨーロッパやロシアのみならず、日本にも素晴らしいクラシック音楽が根付いていると思います。そして、日本にも素晴らしい音楽、深く言葉が刻まれる素晴らしい音楽がたくさんあります。これらの作品は、毎日取り組んでも、とても生きている間に全てを見通すことはできません。また、同じ作品でも、今日、明日、そして三年後、五年後と、その都度変化していきます。三年後ならその三年間の人生経験が反映されて自分の演奏も変わっていくでしょう。今日は理解しきれなかったことが、三年後にはうまく理解できるようになるかもしれない。そのためには、やはり常に勉強し続けていかなければならないと思います。素晴らしいものを享受し表現すること、そしてレベルアップしていくこと。何よりも音楽家自身が、見て、聴いて、感じて、感動しなければいけない。そして、それを演奏で伝えるのが、仕事だと思います。

6. これからの「夢」

●私の夢

私は、自分の中で、自分の理想的な声のイメージ、理想的な音のイメージを持っています。このように歌いたい、このように伝えたい、私の声だったらこのような音として響いたら良いな、と思っています。そのような「声」、そのような「音」をお届けしたい、というのが「夢」です。

私は、作曲家が書いたものをできるだけ忠実に、そのまま皆さんに届けたい。作曲家がテキストを読み込んで創作した作品は、実に奥が深いので、私がそれをしっかりと理解して表現できるように頑張らなければいけないのです。私の最終的な目標は、素晴らしい音楽を邪魔しないよう、テクニックを磨き、作曲家が描いたそのままを皆さんに演奏で伝えることです。時々、「私は宇宙から落ちてきた音楽を書いているだけ」という作曲家がいます。私たち演奏家も、同じような境地にならなければいけないと思います。「私の口から出てきているだけ」というような境地に。邪魔なものを全て排除して、作曲家の描いたそのままを、綺麗にピュアな感じで演奏できたらいいなと思います。

高校時代まで特に夢を抱かずに過ごしてきましたが、音楽との決定的な出逢いがあり、自分で本当にやりたいことを見つけて実践できていることは、実に幸福なことです。でも、さらに音楽家として上手に表現して伝えることができたらいいな、という次の「夢」に向かって努力していけることは、もっと幸せなことです。

歌い手としてステージでの演奏や録音を聴いていただき、詩の言葉による音楽を感じていただき、音楽を知っていただき、興味を持っていただけたら、それに勝る喜びはありません。そのような音楽をお届けできるように、これからもさらに向上していきたいと思います。

●これから取り組みたいレパートリー

ミサやオラトリオなどコンサート歌手としての活動は、今は一番少ないのですが、素晴らしい作品がたくさんありますので、機会があればぜひ取り組んでいきたい分野です。でも、今、一番身近なのは、歌曲とオペラです。オペラは、みんなで何かの演技をしながら歌うのは非常に楽しい。歌曲は、ピアノと限られた時間と音で言葉を表現することが難しい反面、深いもので、非常に面白い。でも、自分一人で音楽に向き合うのでは限界があります。声質も、表現力も、歌い手一人ひとりで違います。いろいろな演奏家の皆さんの演奏を聴きながら、さらに自分に磨きをかけて、学んでいくことも大切であると考えています。

塚田先生から、〈松の花〉（詩・大木惇夫、曲・磯部俶）を勉強しなさいと言われています。この曲は、絶対に取り組まなければいけないと思っています。

ポピュラー作品では〈見上げてごらん夜の星を〉（詩・永六輔、曲・中村八大）はすでにＣＤに録音しましたし、〈いつでも夢を〉（詩・佐伯孝夫、曲・吉田正）は、ぜひとも歌ってみたい曲です。特に最後の箇所の歌詞「はかない涙を嬉しい涙に、あの子は変える歌声で」など、とても素敵です。詩としての主張があって、優しくてメロディーと一体となった作品だと思っています。

〈城ヶ島の雨〉（詩・北原白秋、曲・梁田貞）は、2013年以降、すでに何回か演奏していますが、私自身、上手く演奏できていないと感じていて、難しい作品です。詩も曲も素晴らしい作品なので、納得して演奏できるように継続して勉強です。同じく〈初恋〉（詩・石川啄木、曲・越谷達之助）も、もっと上手く歌えるようにと研究しているのですが、なかなか自信を持って演奏できません。それは畑先生の〈初恋〉があまりにも素晴らし過ぎて、先生くらいに主張を持って上手く演奏しないといけないと思っているからかも知れません。

オペラなどの舞台での演奏活動は積極的に続けていきたいですが、新しいレパートリーを録音していくことも大切です。

今進めているプロジェクトは、日本の歌によるＣＤの第二弾です。この本でも言及した、〈赤とんぼ〉や、〈愛燦燦〉と〈川の流れのように〉のほか、子どもも聴けるような〈富士の山〉〈鯉のぼり〉のような唱歌、〈別れ船〉と〈かへり船〉のような時代を語る流行歌、戦後の社会を象徴する〈いつでも夢を〉や〈上を向いて歩こう〉も。中田喜直さんの曲も〈夏の思い出〉と〈雪の降る街を〉を入れたかったのですが、せっかくなら四季の移ろいをと思い、春は、喜直さんのお父さまの中田章さん作曲の〈早春賦〉、秋は、〈小さい秋みつけた〉を録音します。

今回のＣＤでは、世代を問わず、多くの皆さんに親しんでいただける曲を選びました。ほとんど初めて歌う曲ですが、とても素晴らしい歌ばかりなので、日本の歌を見つめたいと思っています。

他には、トスティがダンヌンツィオの詩で作曲した歌曲集《コンソラツィオーネ》を演奏したいですね。１曲ずつ勉強しようと思っていますし、２０２１年には、新国立劇場でストラヴィンスキーのオペラ《夜鳴きうぐいす》を歌います。それはとても面白い曲ですが、私は歌ったことがないもので楽しみにしていますし、バッティストーニさん指揮でブリテンの《戦争レクイエム》も演奏します。ものすごく難しい曲だけど、それも勉強です。チャレンジとして楽しみにしています。

もちろん、来日する前から取り組んでいた、チャイコフスキーやラフマニノフといったロシアの作曲家やトスティ、Ｒ・シュトラウスのほか、マーラーもじっくりと向き合いたい作曲家です。

●子どもの歌のこと

子どもの歌も重要です。畑儀文先生の子どもの歌のＣＤを聴いて、非常に楽しくて美しいと感じて、私も演奏していきたいと思っています。〈アイスクリームのうた〉（詩・さとうよしみ、曲・服部公一）とか〈おばけなんてないさ〉（詩・槇みのり、曲・峯陽）など大好きなので、ぜひ演奏していきたいです。大中恩さんや中田喜直さんたちが作曲された子どもの歌も演奏していきたいですね。大中さんや中田さん、服部さんたちの手がけられた作品は、決して子どもに妥協していない音楽と思います。「地域創造活動」でも実感していますが、子どもたちは、非常に厳しい聴き手です。つまらない演奏は全く聴いてくれませんので、本当に子どもたちが耳を傾けてくれる演奏家になりたいですね。そのためにもレパートリーを広げ、子どもの歌を、子どもたちが聴いてくれるように演奏したいと願っています。

コラム⑽

子どもの「うた」

2018年は、「赤い鳥」創刊100年の記念イヤーとして「童謡100年」が唱導された。「唱歌校門を出ず」と揶揄《やゆ》されたように、「唱歌」は、あくまで臣民育成の学校教育のための「国定音楽」であり、日常の子どもに寄り添う、子どものための歌ではなかった。

そのような意識で鈴木三重吉が創刊した『赤い鳥』での趣旨は、「子どもたちに「綺麗な読みもの」を与えるというだけでなく、「『芸術的な謡と音楽』をも作って行こう」というコンセプトと認識されている。[1] 1918（大正8）年に創刊された『赤い鳥』や『金の船』をはじめとする、子どものための芸術的な歌としての童謡は、北原白秋、西條八十、三木露風、野口雨情、葛原しげるといった詩人と、山田耕筰、成田為三、弘田龍太郎、本居長世、草川

1　藤田圭雄『日本童謡史Ⅰ』（あかね書房、1984年改訂版）13ページ。もっとも藤田自身は童謡について「文語体の小学唱歌、低俗な口語唱歌、そして芸術歌謡と、激しい変転の末、ほんとうの子どもの歌としての童謡がそのようなものか、確かに把握されていないのが現状ではないか」（同書27ページ）としている。

信といった作曲家たちが、コンセプトを意識し、詩人と協同して〈かなりや〉に始まる作品を創作し、雑誌に発表したことに最大の特徴がある。その背景には民間の自由芸術教育の潮流があったことも無視できないだろう。

その後1930～40年代になると、河村光陽や海沼實といった童謡を創作活動の軸に置いた作曲家が、武内俊子や加藤省吾などの詩による、河村の〈りんごのひとりごと〉〈船頭さん〉、海沼の〈里の秋〉〈みかんの花咲く丘〉といった作品を創作すると共に、自ら児童合唱団を組織してレコードも活用しながら普及活動を展開するような動きも見られた。例えば、加藤省吾の「芸術性の高いものだけが童謡であるという説には私は納得しかねるものを感じる。そして芸術性云々ということはどこで線を引くのか。子供の世界にもいろいろな分野があって当然だと思うし、その中から子供が自分達の好きな歌を選んで歌えばよいと私は思っている」という意識もまた、従来の童謡の位置付けへの疑問といえる。[2]

しかし、戦後になると、ラジオやテレビの子供番組の存在や、大中恩、中田喜直、湯山昭といった作曲家たちが、佐藤義美、阪田寛夫といった詩人と協業しながら、独自の創作活動の一環で、従来の童謡とは異なった、子どもの目線でその本音を表現する、新たな「子どもの歌」を創作・発表していく。例えば、湯山昭は、

「子どもというのはある意味ですごく純粋だし、ある時はすごくバイタリティーがある。

だんだん知恵も働いてきて、悪知恵が働く子どもも出てくるでしょう。必ずしもいい子ばっかりじゃない。だからいつもきれい事だけで子どもの音楽を書いているわけではありません」（202ページ）

「新しい子どもの歌とよく言っていますが、子どもの中にある行動とか理性、理知、感性といったことを客観的に捉えている歌が割と多い」（223ページ）

と分析している。[3] そのまなざしが鮮明な、大中の〈サッちゃん〉〈おなかのへるうた〉、中田〈めだかの学校〉、湯山〈おはなしゆびさん〉といった楽曲群は、1910〜20年代の「童謡」とは明らかに異なり、「芸術的な子どもの歌」という芸術至上主義や、情操教育としての童謡という、大人がこうあるべきと考える音楽ではなく、年齢相応の子どもたちの目線で見た、きれいごとだけではない日常や矛盾が、率直に歌われている音楽といえる。それ故に、世代を越えて、現在に歌い継がれ親しまれているのではなかろうか。

2　加藤省吾『「みかんの花咲く丘」わが人生』（芸術現代社、1989年）228ページ

3　湯山昭『人生は輪舞』（全音楽譜出版社、2005年）

●人生って不思議なものですね

人生は本当に不思議です。私はたまに、自分にとって怖くなるくらいに不思議なことが起きます。

私が一番びっくりしたのは、ピアノのクラウス・ヘルヴィッヒ先生のこと。ヘルヴィッヒ先生には、ベルリンで洸太朗さんの大学の卒業演奏会の時に初めてお会いしました。それ以来、ベルリンには何回も行ったけれど、一度もお会いしなかった。ところが、一昨年、上野付近で、反対側からくるヘルヴィッヒさんらしい人とすれ違った。人違いかな？と、洸太朗さんにメッセージを送って、「ヘルヴィッヒ先生は、今日本にいる可能性はありますか？」と聞いたら、「可能性はあるよ。彼は、マスタークラスでたまに日本に来るから」って。不思議じゃないですか？　ドイツで数年間会えなくて、東京ですれ違うなんて。

他にも、喫茶店でコーヒーを飲んでいて、「あれ？　この声、聞いたことがあるなぁ」と思っていたら、以前お世話になった方だったとか……こんなことが結構あります。

私はいつも両親から「あなたの人生は面白いなあ」と言われます。音楽の道に入っていったのも不思議、ロシアからドイツへ引っ越したのも不思議、ドイツから日本に来て住むようになったことも不思議です。私は、いつでも不思議な感じで、人に会ったり、新しい国に引っ越したりしてきました。あなたは好きにやればいい、でも自分で頑張らないといけないよ、って思いながら。それで、自分なりに頑張っていると、必要な人に会い、求めている先生に巡り合うという、さまざまな偶然の幸せな出会いに恵まれてきました。

普通のことでも不思議なことだと思ってしまうのかな？　でも、このような不思議に感じる人生は、面白いなあと思います。ひばりさんの歌の歌詞にもあるように、人生って不思議なものですね。そして、嬉しいものですね。

〔論考〕

日本の近現代史と音楽文化
——日本の西洋音楽の歩み

戸ノ下達也

ヴィタリさんの来歴と、日本の「歌曲」への思いを概観することを目的とした本書では、「歌曲」の創作や背景などを補うコラムを配置した。それら「歌曲」の歩みは、日本の近現代史の中に位置づけられるのではないか。

現在に至る日本の西洋音楽の歴史は、同時に1860年代以降の歴史を正視することに直結する。本稿では、コラムで言及できなかった、日本における西洋音楽の歴史を跡付け、音楽文化の歩みを振り返ってみたい。

Ⅰ．1920年代に至る音楽文化

1．西洋音楽のあけぼの

明治維新後、明治前半期の近代国家体制の確立過程では、徴兵令、地租改正、学制などの制度、殖産興業や文明開化の施策、内閣制度や地方自治、軍隊の整備など、急速な近代化・西洋化の取り組みが推進された。その後、１８８９（明治22）年の大日本帝国憲法公布と内閣制度、さまざまな法律整備が行われて天皇主権の立憲体制が確立された。外交面では、条約改正や近隣諸国への勢力拡大、日清戦争（１８９４～95年）と日露戦争（１９０４～05年）と続くアジア地域の変動は、列強への対抗、軍備拡充と帝国主義が顕著となる過程でもあった。

（1）西洋音楽の系譜

西洋音楽は、１８６０年代になって、軍楽、キリスト教布教に連動した讃美歌の普及、初等教育での唱歌、音楽家や音楽教員養成の教育機関の設立など、いくつかの系譜で本格的に導入された。その背景には、前述した西洋化・近代化と列強への対抗という目論見があった。

軍楽は、ラッパやドラムによる軍隊や国民の「規律化」や「統合」を目的とした信号や号令として導入された。そのはじまりは、１８６９（明治２）年発足の薩摩藩楽士隊だが、１８７１（明治４）年の兵制改正で、薩摩藩楽士隊が発展して陸軍軍楽隊と海軍軍楽隊が発足した。陸・海軍軍楽隊は、軍事だけでなく、１８８４（明治17）年に始まる鹿鳴館や、１９０５（明治38）年に始まる日比谷野外音楽堂での演奏など、広く演奏活動を展開していく[1]。さらに、軍楽隊出身のプレイヤーが、オーケストラ、スタジオミュージシャン、作・編曲家、ジャズバンドなど、幅広い音楽ジャンルの活動に関わり、音楽の裾野を拡大した。例えば、１８８０年代に活動を開始した市中音楽隊（ジンタ）の出征兵士歓送や演劇、幻灯会などイベントでの演奏、ジンタのようなアトラクション演奏のための小バンドとチンドンへの発展、１８９０年代から見られた企業や店舗の宣伝部隊としての少年音楽隊、アマチュアの吹奏楽団、映画館の楽士などの表象が、現在に至る吹奏楽の流れを形成していった。

　キリスト教布教に連動した讃美歌の普及と、初等教育科目の「唱歌」も西洋音楽普及の基礎である。特に「唱歌」は、外国曲や讃美歌のメロディーに日本語の歌詞を当てはめる翻訳唱歌を主体にスタートし、１９１０年代以降の文部省編纂教科書での、オリジナルの唱歌の創作・普及へと発展していく（コラム(7)「学校教育での『うた』」参照）。「うた」の系譜は、１８７０年代以降の書生節や街頭演歌師など社会風刺、瀧廉太郎をはじめとする独唱曲や合唱曲の創作などに発展する。もっとも、「唱歌」は大日本帝国憲法下の臣民育成という役割を担っており、作品としての「唱歌」は、天皇や軍隊を賛美する詩や、四季の自然と国土を敬い愛国心を高揚させる詩の作品が主流であった。[2]

（2）音楽の広がり

この音楽の広がりには、創作や演奏、教育の担い手の養成が不可欠である。音楽家や音楽教育者を育成する目的で１８７９年に設置された音楽取調掛が１８８７（明治20）年に東京音楽学校へと継続する官立の音楽教育機関の歩みは、現在の東京藝術大学音楽学部に至る歴史を刻むこととなる。一方で、１９００年代には、１９０４（明治37）年の女子音楽学校、１９０７（明治40）年の東洋音楽学校（現・東京音楽大学）、１９１５（大正３）年の大阪音楽学校（現・大阪音楽大学）、１９２６（昭和元）年の東京高等音楽学院（現・国立音楽大学）、１９２９年（昭和4年）の武蔵野音楽学校（現・武蔵野音楽大学）など、私立学校の設立へと発展した。

音楽愛好者層の拡大は、大学のサークル活動や、器楽演奏などにその萌芽が見いだせる。大学の音楽サークルは、１８９９（明治32）年に関西学院グリークラブ、１９０１（明治34）年に慶應義塾ワグネル・ソサィエティー、１９０７（明治40）年に早稲田音楽会（早稲田大学グリークラブの前身）、１９１１（明治44）年に同志社グリークラブという現在に続く大学グリークラブ、京都帝国大学や九州帝国大学のオーケストラ、法政大学や慶應義塾などのジャズバンドもこの時期に発足している。このような音楽受容は、1900年代以降のマンドリンやギター、ハーモニカ、アコーディオンなどの楽器演奏の愛好者の拡大も見られる。このように、1910年代以降に継続していく、鑑賞と演奏の一体化という音楽の広がりが見られ始めたのであった。

2. 音楽の多様化

1910～20年代になると、音楽にも社会状況に連動した変化が見られる。この時期は、普通選挙制度やワシントン体制による軍縮、産業構造の変化による都市化・大衆社会化の進展が見られた一方で、1910（明治43）年の大逆事件や、1918（大正7）年の米騒動、部落解放運動など、社会の矛盾が表面化したデモクラシーの光と影の時代だった。この社会状況に連動して西洋音楽も形を変えながら多様化し、「慰安」「娯楽」「教養」という役割を担うようになる。

その背景には、産業構造の変化による、都市化や大衆社会化、ライフスタイルの変化や、ラジオ放送の開始、蓄音機・レコードの普及といったメディアの日常化と、他の文化領域との協業という要因が挙げられる。

（１）メディアの発達

ラジオ放送は、１９２５（大正14）年に社団法人東京放送局、社団法人名古屋放送局、社団法人大阪放送局で、それぞれ本放送が開始された。そして逓信省《ていしんしょう》による放送事業の統一運営と全国的放送網確立を目的に三つの法人が統合され、１９２６（昭和元）年8月に社団法人日本放送協会（現在のＮＨＫ）が発足する。同報性・広域性・即時性が特徴のラジオ放送では、初期段階から国民の教養レベル向上を目的に洋楽や邦楽、特に管弦楽演奏が積極的に取り入れられた。西洋音楽の啓蒙と普及にラジオ放送の果たした役割は無視できない。[3]

反復性・継続性が特徴の蓄音機・レコードは、１９００年代に国産蓄音機が発売され、邦楽レコードも発売されていたが、販売が軌道に乗るのは１９１０年代以降だった。１９２０〜30年代には主要なレコード会社が事業を展開することとなる。１９１３(大正２)年の中山晋平作曲〈カチューシャの唄〉、１９２２（大正11）年の中山晋平作曲〈船頭小唄〉、翌年の鳥取春陽作曲〈籠の鳥〉は、流行歌のはじまりといえるだろう。蓄音機・レコードの普及は、レコードを媒体とする流行歌の展開となり、この系譜がＪ－ＰＯＰや演歌となって現在に至る。

（２）他の文化領域との協業

１９１０年代以降は、音楽も演劇や映画と協業していく。１９１１（大正元）年の帝国劇場開場は、演劇のみならず興行の多様化をもたらし、芸術座や築地小劇場などの演劇では、〈カチューシャの唄〉のような主題歌や劇中歌が発表され、映画でも同様の動きが見られた。これら演劇や映画の劇中歌や主題歌がレコード発売され、流行歌として普及していく。

また都市文化としての音楽にも、新たな境地が開拓されていた。１９１６（大正５）年以降から昭和初期にかけて流行した浅草オペラは、歓楽街として活動写真館や劇場が集積していた浅草で《カルメン》や《天国と地獄》、伊庭孝や佐々紅華の作品を公演したが、横浜や名古屋、関西でも同様の公演が行われていた。浅草オペラは、関東大震災までの短期間の音楽のあらわれだが、田谷力三や藤原義江、石井漠らの輩出、エノケン（榎本健一）に代表されるレビューへの派生など、その功績も見逃せない。また、箕面有馬電気軌道（現・阪急電鉄）の沿線開発と街づくり政策と連動して１９１４（大正３）年に創設された宝塚少女歌劇団は、小林一三の卓越した企業戦略として現在まで一世紀以上の歴史を刻印しているし、宝塚管弦楽団による洋楽演奏も重要な役割を担ってきた。少女歌劇団は、１９２３（大正12）年の大阪松竹歌劇団（後の日本歌劇団）、１９２８（昭和３）年の松竹楽劇部（後の松竹歌劇団）や地方都市での結成などに拡大した。少女歌劇というレビューの誕生もこの時期の特徴である[4]。

さらに、オーケストラ創設や海外からの演奏家の来日は、クラシック普及の面からも画期である。１９２４（大正13）年に近衛秀麿と山田耕筰が日本交響楽協会を設立し、１９２６（昭和元）

年の近衛による新交響楽団（日本交響楽団を経て現在のNHK交響楽団）となる。オーケストラは、いとう呉服店少年音楽隊が発展した名古屋交響楽団が1936（昭和11）年に中央交響楽団と改称し1938（昭和13）年に東京に移転、1942（昭和17）年には松竹交響楽団が発足するなど、現在に至る管弦楽の歩みが、演奏や作品創作、啓発に果たした役割もまた重要である。

(3) 新たな音楽の表象

音楽の歴史でも、1923（大正11）年9月の関東大震災は大きなポイントで、東京圏の壊滅的打撃という影響と、震災復興による新たな動きや文化の観点からも再考すべきである。

震災後の変化としては、舞踏場（ダンスホール）の流行は見逃せない。ダンスホールという空間でジャズやタンゴなどのバンド演奏にあわせてダンスを踊る形態は、東京のみならず、横浜、京都、大阪など大都市での娯楽のあらわれであった。一方で各府県警察や内務省の執拗な取り締まりの対象となるが、ジャズやタンゴなどの音楽の広がりという観点からも、音楽の裾野の拡大と認識できる。

「うた」の領域でも、新たな動きが見られた。1918(大正7)年刊行の『赤い鳥』『金の船』などの雑誌と協業した童謡の展開は、学校教育に限定された唱歌への疑義と問題提起の現れだった。また、労働運動の影響やプロレタリア音楽運動が展開したのもこの時期である。[5]

この時期の音楽は、新たに「慰安」「娯楽」「教養」としての役割を担いつつ、その時々の社会状況に翻弄されながらも、メディアの普及という後押しを得てさまざまな潮流を生み出した。そこには人々の日常に寄り添い始めた音楽の姿が見て取れるだろう。

Ⅱ. 戦時期の音楽

日清・日露戦争、第一次世界大戦（１９１４〜18年）、シベリア出兵（１９１８〜25年）と続く、列強のアジア戦略や帝国主義の動きは、大日本帝国の武力行使による中国大陸への侵略、朝鮮併合、台湾の統治、南方の委任統治という動きを加速する。そして、１９３１（昭和６）年９月18日の柳条湖事件を発端とする満洲事変から、１９３７（昭和12）年７月７日の盧溝橋事件を契機とする日中戦争を経て、１９４１（昭和16）年12月８日の真珠湾攻撃によるアジア・太平洋戦争という十五年戦争期に至る。この時期は、国策遂行のために啓発宣伝や、国民の教化・動員が実施された。さまざまな文化領域で統制が展開する反面で、国策や軍への批判などホンネとタテマエが錯綜した時代でもあった。

もちろん、１９３０年代から敗戦に至る戦時期でも、前述した音楽のいとなみは継続していた。

しかし、戦時期の社会状況や国際情勢の変遷は、音楽にも啓発宣伝や教化動員の役割を課すことになる。戦時期の音楽は、この時期の歴史を再考し、「うた」が活用され続け、戦後に継続していく側面が重要であることから、以下に紙幅をとって詳述していく。もっともその前提として、１９３０年代においても、日本放送協会のラジオ聴取状況の調査からも明白なように、人々の日常の娯楽として圧倒的な支持を得ていたのは、音楽ではなく、落語や講談、浪曲や漫談等であったことは、留意しておく必要がある。

1. 満洲事変期から日中戦争期の音楽

（1）組織化の進展

１９２０年代後半から30年代にかけては、音楽家や音楽界の権利擁護、相互扶助、演奏機会創出を目的とした組織化が進展した時期で、１９３６（昭和11）年発足の大日本音楽協会のような音楽関係者全般の組織や、同年発足の日本演奏家連盟、１９２８（昭和３）年の大日本作曲家協会や１９３０年代に見られる作曲家グループの結成が、その事例である。これらの組織は、後述する新体制運動に連動した文化領域の再編統合の過程で、１９４１（昭和16）年11月設立の社団法人日本音楽文化協会に一元化を余儀なくされるが、いずれも戦後の創作・演奏活動に継続する動きであり、音楽文化の発展を意図した取り組みであったといえる。

アマチュア音楽愛好者でも連盟組織の結成という動きが見られた。１９２６（昭和元）年の全日本ハーモニカ連盟、１９２７（昭和２）年の合唱団の連合組織としての国民音楽協会、１９３９（昭和14）年の大日本吹奏楽連盟などアマチュア演奏団体の連盟組織は、演奏や啓発活動の推進役として機能していく。さらに、１９３１（昭和６）年に来日したプラーゲによるヨーロッパの音楽作品の著作権料徴収という騒動は、１９４０（昭和15）年の大日本音楽著作権協会（現・一般社団法人日本音楽著作権協会）発足を導くこととなった。

（２）満洲事変期の音楽

満洲事変期の音楽は、中国大陸のイメージを描く〈満州行進曲〉や〈国境の町〉など「大陸もの」の流行歌や〈爆弾三勇士の歌〉のような楽曲の流行など、社会状況が顕在化していたが、この時期特有の事象は、内務省による二つの娯楽取り締まりだった。

第一は、１９３４（昭和９）年３月の出版法改正と著作権法改正による、内務省警保局が所管したレコード検閲である。法律改正が議論された第65回帝国議会では、内務省の検閲基準や言論抑圧への危惧が提起されたものの、改定案は可決されレコードを出版物として取り締まりが行われることとなった。[6] 流行歌が思想・風俗取り締まりの観点から統制された典型的事例が、１９３

6（昭和11）年3月にビクターから発売され、同年6月に発売頒布禁止となった〈忘れちゃいやよ〉だった。[7] この楽曲について、内務省警保局図書課の検閲官だった小川近五郎は、

「問題は、最後の括り文句の「ねえ、忘れちゃ嫌よ」の歌い方にある。「ねえ」で甘えてみせて「いやーんョ」と鼻へ抜けた発声で、しなだれかかったエロを満喫させようとする手法は感心する程巧者なものであった。無論この歌は問題となって兎角の論議を生じたのであったが、当時この歌い方を文章でどういう風に表現したらよいものかと思案した揚句「恰も婦女の嬌態を眼前に見る如き官能的歌唱」と書いてみたことを記憶している」（『流行歌と世相』138ページ）

と述べていた。出版法は、「皇室ノ尊厳ヲ冒涜スル」、「安寧秩序ヲ妨害スル」、「犯罪ヲ煽動スル」出版物を取り締まる目的だったが、〈忘れちゃいやよ〉の発売頒布禁止は、すでに検閲を通過し発売されたレコードのヒットに刺激され、模倣版が続々と発売されたことに危機感をもった内務省が、事後に処分を行ったこと、あくまで演奏法が官能的歌唱であるという主観的な価値観に基づき処分を行ったことを見ても、明らかな出版法の拡大解釈だった。法令を逸脱して恣意的な運用がなされたことは、記憶すべき歴史の事実である。

もっとも、内務省は流行歌を駆逐することはできないと認識していて、小川も、

「私的生活感情を代弁する私的流行歌を駆逐しようとする無理を敢てする必要はないのである。

私的流行歌は、教養指導なり警察的干渉なりによって、質の向上を図ったり或は又変質せしめることは出来ても、これを根絶せしめることはできない。仮令表面上出来たようにみえても、実体の根絶は不可能である。それ故に、善き変質をなさしめて存置する他はないのであろう」（『流行歌と世相』170ページ）

と述べていた。この事実は、行政が国民統制のために文化を利用したこと、法令を主観的かつ恣意的に運用したことを物語っている。

第二は、舞踏場の取締である。東京府では、警視庁が1928（昭和3）年3月に「舞踏場取締規則」（警視庁令第46号）を施行し、舞踏場を「公安又ハ風俗ヲ害スル」場所と定義して取り締まりを行った。その後もダンスホールは「風紀紊乱《ふうきびんらん》」として徹底した取り締まりが継続し、1920年代後半から1930年代にかけて舞踏場の営業停止処分やダンス教師の検挙など、スキャンダルまがいの報道が続出した。しかしダンス需要は衰えることなく、舞踏教授場（ダンススクール）という名目での新設が急増したため、1933年11月には「舞踏教授所取締規則」（警視庁令第6号）が施行され、「舞踏場取締規則」と共に、ダンスホールやスクールの新設や営業を規制した。取締規則を楯とした娯楽の取り締まりが展開したのである。

これら内務省と府県警察による取り締まりは、日中戦争期に継続し、思想・風俗の側面から人々の日常を統制していくことになる。

（3）日中戦争期の音楽

1937（昭和12）年7月7日の盧溝橋事件は、文化領域を一気に戦時体制に動員した。それは、国策の啓発宣伝や国民の教化動員を目的に「上から」の公的流行歌として創作された「国民歌」の普及、楽器やレコードの資材と税制などの経済統制、戦意昂《こう》揚のための演奏会開催等となって展開したが、その背景には、政府が主体的に文化統制を推進するというスタンスがあった。レコード検閲は、敗戦に至るまで継続するが、日中戦争が流行歌レコードへの統制強化となったことは、以下の小川の記述（前掲『流行歌と世相』）からも明白である。

「実を言うと、風潮刷新の手段として娯楽一般はもとより、流行歌の末に至る迄、その質の根本的建直しを熱心に希望していたのである…隙があったら踏み込んで斬る。太刀《たち》尖《さき》に狂いをもたせたくない覚悟もしていたのであった。隙というものはチャンスである。が、そのチャンスは到頭《とうとう》やって来た。それは支那事変であった」（156ページ）。

もっとも、検閲の実態は、変わることはなかった。例えば、内閣情報部の作詞・作曲公募で1937年12月に発表した〈愛国行進曲〉でも、ポリドールの東海林太郎と関種子の歌唱版が、流行歌調で卑俗きわまるという理由で不許可となったように、検閲官の主観的な検閲が継続していた。[8]

舞踏場も、「社会悪」として厳しい取り締まりが継続した。1938年1月の「舞踏場及舞踏教授所ノ取締ニ関スル件」（警保局長通牒）でダンスホールは「取締ヲ一層強化シテ之ガ根絶ヲ期スル方針」と明示され、１９４０（昭和15）年10月31日をもって、最後まで営業していた東京府内8カ所のダンスホールが閉鎖された。[9] この流れは戦後の変遷を経て、１９８４（昭和59）年8月公布の「風俗営業等の規制及び業務の適正化等に関する法律」（いわゆる風営法）へと引き継がれ、ダンス規制でのクラブの摘発へとつながっている。[10]

音楽の取り締まりは、興行にも及んでいた。例えば、警視庁管内では興行取締自体は明治期から実施されていたが、１９４０（昭和15）年2月施行の「興行取締規則」（警視庁令第2号）では、施設の規制というハード面と共に、興行運営などのソフト面も取り締まりの対象となり、俳優や演奏家といった技芸者には審査の上で「技芸者之証」という鑑札を発行し、興行中の携帯の義務を課した。さらに技芸者団体を組織させ、規則に基づく「技芸者之証」の審査や運用を行わせるなど、興行面の統制が強化されたのである。

（4）紀元二千六百年奉祝と新体制運動

１９４０（昭和15）年は、神武天皇即位から２６００年目という建国神話を根拠とする紀元二千六百年奉祝行事がさまざまに展開した。あらゆる文化領域で奉祝のための新作が創作され、奉祝行事で発表された。音楽では、日本文化中央連盟主催の奉祝芸能祭で、信時潔《海道東征》などが発表されたほか、外務省の外郭団体「紀元二千六百年奉祝会」がドイツのR・シュトラウス、イタリアのピツェッティ、フランスのイベール、ハンガリーのヴェレシュ、イギリスのブリテンに奉祝楽曲の作曲を委嘱し、東京と大阪で奉祝楽曲発表演奏会を開催した。これらと並行して、うたの領域でも奉祝国民歌「紀元二千六百年」が発表され、山田耕筰はオペラ《夜明け》（改題後《黒船》）を発表している。紀元二千六百年奉祝は、国の威信をかけて総力を挙げて取り組んだ行事で、音楽界もその最先端の取り組みを発信した。[11]

一方で１９４０年は、「バスに乗り遅れるな」を合言葉とした新体制運動が展開した。１９３７（昭和12）年に開始された国民精神総動員運動は、生活刷新を標榜し、国民の日常生活の隅々まで干渉するものだったが、運動の限界に批判が集中していた。新体制運動は、国民精神総動員運動を継承し、さらに強力な政治体制を指向するものであり、近衛文麿を中心とする政治の新体制は、総力戦の体制確立をめざし、１９４０（昭和15）年10月の大政翼賛会に結実する。さらに文化領域でも新体制運動に呼応した組織の再編・統合が進み、音楽界では、既存団体を再編・一元化のうえ、１９４１（昭和16）年11月に社団法人日本音楽文化協会（音文）が、情報局と文部省の共同所管で発足した。音楽文化が政治の流れと一体化し、体制変革を行わざるを得ない状況となっていたのである。[12]

（5）うたの表象

日中戦争期になると、「国民歌」が本格的に量産された。１９３７（昭和12）年8月にコロムビアの作詞公募で発売された〈露営の歌〉、同年10月に日本放送協会の国民精神総動員強調週間ラジオ番組のテーマ音楽として、同協会が委嘱して放送された〈海ゆかば〉、同年12月に内閣情報部の作詞・作曲公募で発表された〈愛国行進曲〉がその代表例であり、その後、敗戦に至るまで、新聞社や出版社、行政などが主体となって歌詞や曲を公募もしくは委嘱した「国民歌」の制定が継続する。こうして発表された「国民歌」は、その目的に応じて普及の工夫がなされていた。情報局や大政翼賛会、大日本産業報国会などが主導した職場や地域の文化運動では、「国民歌」の歌唱が半ば強制されていたし、宝塚歌劇団の歌劇公演とのタイアップなど、あの手この手で、「うた」による啓発宣伝と意識昂揚が展開していた。[13]

日中戦争の開始の影響は、ラジオ放送でも顕著だった。１９３６（昭和11）年6月から、健全なホームソング普及という目的で放送が開始された「国民歌謡」は、当初は、〈朝〉や〈椰子の実〉のようなクラシック歌曲を意識した楽曲を発信していたが、日中戦争が始まると作品も時局を反映した内容に一変する。また、小学校の児童を対象として１９３２（昭和7）年に開始された日本教育音楽協会主催の「児童唱歌コンクール」は、日本放送協会の共催となり紆余曲折を経ながら１９４３（昭和18）年まで開催され、戦時期の中断を経て戦後に継続し、現在のＮＨＫ全国学校音楽コンクールに至るが、当初は、唱歌だった課題曲も、１９３８（昭和13）年以降は課題曲も開催形態も、総力戦体制を反映した内容に変化していく。[14] 言葉を伴う「うた」は、その歌詞でイデオロギーやコンセプトを直接伝え、主張する手段として活用されたのである。

2．アジア・太平洋戦争期の音楽

１９４１（昭和16）年12月８日の真珠湾攻撃を契機に、戦線は中国大陸からアジア・太平洋地域にまで拡大し、国民は熱狂的な戦勝気分に酔いしれた。この戦略的攻勢という現実は、しかし１９４２（昭和17）年６月のミッドウェー海戦敗北で暗転し、１９４３（昭和18）年２月のガダルカナル島撤退、同年４月のアッツ島守備隊玉砕と続く戦略的守勢を経て、１９４４（昭和19）年６月のマリアナ沖海戦敗北と翌月のサイパン島玉砕、同年10月のレイテ沖海戦敗北という絶望的抗戦に至るが、このような戦局の推移に連動した国内情勢は、文化にも影響を及ぼしていた。

（1）政府の娯楽政策

日米開戦は、政府の娯楽政策の大転換をもたらす。１９４０（昭和15）年12月に発足した情報局（１９３６年発足の内閣情報委員会が、１９３７年９月に内閣情報部に改組された組織が、それまでのインテリジェンスと各省情報宣伝機能の一元化、文化統制機能を付加した組織に拡充された行政機関）は、１９４１（昭和16）年12月12日に「戦時下国民娯楽ニ関スル緊急措置ニ関スル件」を発表し、音楽、映画、演劇、演芸などの文化・娯楽に「積極的指導」を行い、皇国の理想を宣揚し「雄大ニシテ健全」「明朗ニシテ清醇《せいじゅん》」なものにしていくことを宣言するが、この方針は敗戦に至るまで不変だった。[15] この方針は、情報局から関係業界に示達されたが、音楽界では音文がその具体策を策定して音楽界に周知している。[16] 例えば、日本人作品演奏の推奨では、新交響楽団が１９４２（昭和17）年9月の第２３８回定期公演、東京交響楽団が１９４３（昭和18）年9月の第21回定期公演から、必ず邦人作品を演奏するなどの施策が具体化している。[17]

　この情報局の方針に連動し、内務省も従来の取締方針を転換した。内務省警保局が、１９４２（昭和17）年8月21日の警察部長事務打合会で周知した「長期持久戦ニ対応スル治安維持対策要領」では、「日常生活ノ瑣末ナル部面ニ迄警察的取締ヲ加フルトキハ却ツテ民心ヲ刺激シ徒ニ被圧迫感ヲ濃化スルノ処アリ」として「国民娯楽部面ニ対スル神経質ナル干渉」を避けるよう、指示していることなどからも明らかであり、それまでの方針を１８０度変更する画期的な方針転換であった。[18]

　もっとも、娯楽政策でも連合国と枢軸国の対立軸が強調され、敵国の「敵性文化」は「頽廃《たいはい》」「厭戦《えんせん》」として徹底した監視・排除が行われた。ジャズなどのポピュラー音楽は「頽廃《たいはい》的娯楽」

という烙印が押された。１９４３（昭和18）年1月に情報局と内務省が発表した「米英音楽作品蓄音機レコード一覧表」は、店頭での指定された米英楽曲のレコード演奏を禁じる通達だったが、更に演奏禁止という音楽界の自主規制に発展した。また１９４３年7月の「演奏企画指導要綱」では、クラシック音楽についても、「内容に於て時局下に不適当と認められるもの（例えば、陰惨虚無、淫蕩《いんとう》、厭世的なるもの、或ひは反戦的でなくとも徒に平和を賛美するもの等の如き）は避けること」「曲名が不健全なものは避けること（例ドン・ファン）」など、一歩踏み込んだ規制が盛り込まれ、出演者の日本人起用の推奨や、広告宣伝に国策標語掲載が推奨されるなど、積極的な規制がなされた。[19]この要綱を受け、警視庁は１９４３年9月から演奏企画の事前審査を開始し、「健全娯楽」として推奨されたクラシックに対しても、統制が強化された。音文は１９４２年前半あたりまでは、独自の音楽芸術重視のスタンスを死守し、創作の奨励や演奏会・試演会を開催した。演奏会で作品が演奏された作曲家の安部幸明は後年、「両曲（引用注《チェロ協奏曲》と《フルートとピアノのためのソナタ》）とも戦争とは無縁の作品。この頃は太平洋戦争に突入していたときでもあり、よくこんな会を催してくれたと今でも思っている」と回顧している。[20]しかし戦局の悪化や社会状況の変化に伴い、より啓発宣伝や教化動員の活動に注力せざるを得ない状況になっていく。音楽芸術追求だけでは立ち行かなくなり、最終的には情報局の上意下達機関として音楽界を統制していくのであった。

（2）音楽界の動向

日中戦争期からアジア・太平洋戦争期の音楽は、社会状況や戦局の推移と密接に関わらざるを得ない状況にあったが、限界の中でも、音楽文化の灯火はさまざまな形で継続していた。

クラシックは「健全娯楽」として推奨され、様々な演奏会が開催されていた。例えばオーケストラでは、東京交響楽団が１９４０（昭和15）年1月の第1回から１９４４（昭和19）年11月の第33回まで定期演奏会を開催し、１９３４（昭和9）年からはオペラ公演にも参画し、藤原歌劇団とも連携して、大阪朝日会館や歌舞伎座で公演を開催し、１９４３（昭和18）年12月の歌舞伎座のベートーヴェン《フィデリオ》公演まで継続したが、１９４５（昭和20）年3月の空襲で御成門の練習所を焼失し、定期公演の中断を余儀なくされる。一方、日本交響楽団は、幸いにして１９２７（昭和2）年から継続していた定期演奏会を敗戦に至るまで途切れることなく開催した。オーケストラの活性化は、このような音楽状況もさることながら、日響のジョゼフ・ローゼンストックや中響のマンフレート・グルリットという指揮者の存在が大きい。しかし、この時期は、都市と地方の文化享受の機会均等が唱導されていたこともあり、１９４２（昭和17）年10月には東北各県を、また１９４３（昭和18）年3月には東海各県をオーケストラが巡回する音楽報国巡回演奏会のような事例も見られた。

音楽芸術への希求は、器楽や声楽のソロ活動や室内楽演奏でも継続している。声楽家の木下保は、１９３６（昭和11）年から１９６３（昭和38）年の還暦独唱会に至るまで歌曲リサイタルを継続したが、戦時期には、山田耕筰や信時潔、平井康三郎の作品も取り上げていたし、ピアニストの井口基成はオーケストラとの共演のほか、１９４３年１月のリサイタルで帝国芸術院賞を受賞するなどの活躍が例示できる。

流行歌でも、「国民歌」が大半を占めていたとはいえ、人々の心情に訴える楽曲が皆無だったわけではない。１９３８年発売の〈旅の夜風〉〈支那の夜〉、１９３９年発売の〈何日君再来〉〈純情二重奏〉〈大利根月夜〉、１９４０年の〈誰か故郷を想わざる〉〈湖畔の宿〉、１９４２年発売の〈明日はお立ちか〉〈鈴懸の径〉〈婦系図の歌（湯島の白梅）〉、１９４３年発売の〈勘太郎月夜唄〉〈お使いは自転車に乗って〉、１９４４年発売の〈月夜船〉などはその典型であろう。女性では、松原操、渡辺はま子、二葉あき子、淡谷のり子、高峰三枝子、男性では東海林太郎、上原敏、藤山一郎、霧島昇、伊藤久男、灰田勝彦、小畑実、ディック・ミネ、田端義夫といったミュージシャンがそれぞれの持ち味を歌に発揮していた。

戦時期の、国策に連動したさまざまな統制や施策の強化、政府の啓発宣伝や教化動員の施策に連動する音楽界や音楽家の取り組みは、音楽文化を戦争協力や国民統合に活用し動員するものだったが、一方では、ここで例示したような音楽芸術を堅持し死守しようとする取り組みも見られた。しかし、後述する１９４４（昭和19）年２月の決戦非常措置要綱や、同年11月以降に本格化する本土空襲の激化、食糧事情の悪化、召集による児童・学生や女性の動員など労働力の枯渇といった社会状況は、好むと好まざるとにかかわらず、音楽が鑑賞や演奏の対象ではなく、戦力保持・意識昂揚の健全娯楽としてのみ存在が許される状況が作り出されてしまった。

（3）人々の意識の表れ

「国民歌」の強制など、政府の統制による音楽の諸相は、タテマエとしての音楽であり、人々のホンネはこの現状への反発となって見られた。その傾向は、別表「レコード発売枚数」のデータからも明白である。発売直後の〈若鷲の歌〉への圧倒的な支持の反面で、既に１９４０（昭和15）年に発売されていた、出征する兵士や家族の心情、望郷の思いを歌う〈別れ船〉や〈暁に祈る〉、当時の人気芸能だった浪曲〈唄入り観音経〉がヒットチャートにランクインしている事実は、人々の奥底にあるホンネの発露を物語っている。

不満や諦めの表象は、「替歌」の流行となって顕在化していたが、「替歌」を「不穏歌謡」として全国で徹底して監視していたのが、内務省の管轄する特別高等警察だった。特高は、「不穏歌謡」が何時、何処で、どのような歌詞で歌われていたのかを克明に記録し組織内で共有していた。例えば、『思想旬報』では「不穏歌謡の流布状況」として「昨日生れた豚の子が　蜂に刺されて名誉の戦死…」（〈湖畔の宿〉の替歌）など五種類の歌詞が列挙された。[21] また、敗戦間近の内務省

【別表】レコード発売枚数（1943年8月～1944年８月）

発売会社名	曲　名	枚　数	発売年月	備　　考
日蓄	若鷲の歌	233,000	1943年11月	映画『決戦の大空へ』主題歌
日蓄	轟沈	81,000	1944年 8月	映画『轟沈』主題歌
日蓄	索敵行	65,000	1943年 4月	映画『愛機南へ飛ぶ』主題歌
日蓄	大航空の歌	50,000	1944年 1月	航空局制定
大東亜	別れ船	43,000	1940年 6月	陸軍省委嘱
日蓄	暁に祈る	41,000	1940年 5月	映画『征戦愛馬譜・暁に祈る』主題歌
日響	空の神兵	33,000	1942年 6月	記録映画『空の神兵』挿入歌
富士	大アジア獅子吼の歌	26,000	1943年 6月	日本文学報国会・日本音楽文化協会制定、軍事保護院献納
富士	唄入観音経	24,000	1937年	
日響	学徒空の進軍	22,000	1944年 1月	読売報知新聞社制定
大東亜	月月火水木金金	22,000	1940年11月	
日響	大航空の歌	22,000	1944年 3月	航空局制定
日響	荒鷲の歌	22,000	1938年 7月	

・『音楽文化』（1944年11月号）の「音楽記録・この一年の音盤」より作成
・『音楽文化』掲載データに発売年月と備考を付け加えた
・発売会社名は記載のまま。1942年にレコード会社の企業整備と社名変更により、日蓄→コロムビア、日響→ビクター、富士→キング、大東亜→ポリドールに変更された

警保局の資料でも、「特に注意すべきは頽廃的自棄的歌詞歌謡の広汎なる流行である」として、「落下傘部隊には娘はやれぬ　やれぬ娘が行きたがる　ダンチョネ…」（〈ダンチョネ節〉の替歌）が「多治見市付近の青少年に流行」など、三種類の歌詞が流行している地域と共に列挙された。[22]人々のホンネを語る「うた」が、政府の意向にそぐわない「不穏」なものとして日常の中で監視されていた事実は、現在を生きる私たちにも、多くの示唆を与えている。

（4）移動音楽の「推奨」

１９４４（昭和19）年2月25日に閣議決定された「決戦非常措置要綱」は、行政再編・簡素化、国民生活の統制と動員など15項目の具体的措置を盛り込んだが、その第7項に「高級享楽の停止」が規定された。そして、同月29日に閣議諒解された「高級享楽停止ニ関スル具体策要綱」では、19の劇場閉鎖と「移動演劇、移動音楽ハ之ヲ推奨ス」ることを規定した。この二つの要綱は、移動音楽が音楽のあるべき姿であることを明確化したものであり、音楽界も「従来のような平時的な独唱会・独奏会はできなくなりますが、戦意昂揚・生産増強に役立つ様な演奏会は積極的に遂行してよいのです。特に工場・鉱山・軍病院・療養所・農山漁村等への巡回演奏は必要です」と方針を明示した。[23]

「移動音楽」とは、音楽家を3～5人の少人数チームに編成し、地方の職場や学校、療養所や陸軍病院などを巡回し、歌唱指導を行うものだが、この活動は、1940年頃から実施された余暇善用や体位向上を目的とした、職場のレクリエーション運動としての厚生運動とも連動し、音文のみならず、大政翼賛会や大日本産業報国会なども活動に注力していた。例えば、1942（昭和17）年3月には、〈海ゆかば〉〈この決意〉を必唱歌曲に指定した第1回国民皆唱運動が、1943（昭和18）年7月には、〈みたみわれ〉を指定歌曲とした第2回国民皆唱運動が実施され、全国に皆唱指導隊が派遣された。こうした移動音楽では、指定された楽曲の歌唱を強制するものであり、そこで指定された楽曲は、啓発宣伝や国威発揚のための「国民歌」だった。決戦非常措置要綱の発表は、音楽活動をこの「移動音楽」に特化することとなり、芸術作品の創作や演奏が中断する結果を招いた。アジア・太平洋戦争末期の音楽は、戦局の推移や、空襲や食糧危機、根こそぎ動員という日常の破綻という状況を反映し、人々の意識昂揚と教化動員、国策の啓発・宣伝のための活用が第一義とならざるを得なかったのである。

（5）戦時下の音楽

これまで言及した戦時期の音楽は、現在を生きる私たちに、再考すべき課題を突きつけている。例えば、戦時期に発表され歌われた「うた」を、「軍歌」として一括することへの問題提起である。これらの歌は、社会状況や政府の意向、人々の意識が反映された「流行歌」である。便宜上とはいえ「軍歌」と括ることで、音楽の本質や背景を見誤ってしまう危険性がある。戦時期の「うた」は、戦争の時代という社会の反映であり、それゆえの内容で成立し歌われ、また歌わされた。そのため、敗戦後は「忌まわしい遺物」として封印され、断絶しているが、これらの「うた」から歴史の事実を学ぶ行為を怠ってはならない。

また、戦時期の音楽の営みは、戦後に継続し発展する側面もあった。戦時期に活動を始めた作曲家は、戦後になって活動を本格化させた。宝塚歌劇団は、東京宝塚劇場と宝塚大劇場が「決戦非常措置要綱」によって閉鎖されたものの、映画館などの小さな劇場で歌劇公演を継続し、国策にそった演目とあわせ、古典ものも併演しながら、戦後に継続する。[24] その他にも、アマチュアを担い手とする音楽の広がり、うたごえ運動など社会運動での活用、演奏団体の活動の継続、戦時期の組織が形を変えて活動を継続するなどさまざまな側面が見出せる。戦時期の制約の中で行われた音楽活動が、戦後に開花していく側面は、改めて見つめ直すべき問題である。

さらに、日本の占領地での音楽も重要である。日本の占領地統治のあり方は、朝鮮や台湾のような総督府の置かれた地域、東南アジアのような軍政で統治された地域などの違いがある。しかし、基本的には日本文化を発揚する皇民化政策と直結していて、そこでは日本の「うた」も活用されていた。また内地でも、ナチスドイツのユダヤ人排斥に連動した外国人演奏家の排斥がなされ、日本で活動した指揮者ローゼンストックなどの演奏活動ができなくなるという事態が発生していた。
文化の側面でも、被害と加害の多角的な側面から、その地域の実情を再考する必要がある。

Ⅲ. 戦後の音楽のあゆみ

１９４５（昭和20）年8月15日のポツダム宣言受諾の玉音放送と、9月2日の降伏文書調印で敗戦を迎え、「戦後」が始まるというのが一般的な理解だろう。しかし、この日をもって戦争が「終わった」わけではない。空襲や原爆被害、従軍慰安婦や占領地での非人道的行為など、現在まで戦争による行為が解決されていない現実がある。

ＧＨＱ（連合国軍最高司令官総司令部）の間接統治による占領、戦後民主主義の一方での「冷戦」、１９５１（昭和26）年のサンフランシスコ講和会議での主権回復による独立と日米安全保障条約締結、１９５５（昭和30）年の保守合同による55年体制、経済支援による極東の安定を指向した高度成長と続く変遷は、その時々の国際情勢や国内の政治・経済・文化の状況によってさまざまに変化した。

敗戦後は、日本国憲法公布、軍隊の解体などの戦後改革や社会の動向が、音楽にも如実に反映された。国内に駐留する占領軍向けの演奏、ミュージシャンの来日、ラジオやテレビ、レコードなどのメディアを通じた音楽の吸収や拡散といったさまざまな要因により人々の日常に音楽文化が根付いていく。[25]

1．占領から復興へ

（1）クラシック音楽の普及

戦時期の制約から「解放」された戦後の音楽界は、それまでにない新たな取り組みも実践され、普及拡大していった。敗戦からサンフランシスコ講和会議で主権を回復するまでの占領期には、１９４６（昭和21）年３月の新声会、１９４７（昭和22）年の新作曲派協会、１９４８（昭和23）年の「地人会」、１９５１（昭和26）年の「実験工房」、１９５３（昭和28）年の「３人の会」や「山羊の会」などの作曲家グループが創作と演奏が一体となった活動を通じて作品を発信し、作曲家の活動を下支えしていた。[26] また１９４６年には東宝が東宝交響楽団（現・東京交響楽団）を設立し、１９３４（昭和９）年に発足していた藤原歌劇団や東京バレエ団と共にオペラやバレエ公演を開催したほか、１９４５（昭和20）年11月には群馬交響楽団、１９４９（昭和24）年には関西歌劇団が設立され、新たな団体による演奏活動の広がりが見られた。

復興期と位置づけられる１９５０年代には、占領軍の接収解除による劇場の返還や、１９５４（昭和29）年の神奈川県立音楽堂に代表されるホールの新設、音楽・演劇・舞踊鑑賞団体の労音や都民劇場などによる音楽愛好者の拡大といった音楽受容機会の広がり、海外からの演奏家の来日、１９５０（昭和30）年の大阪フィルハーモニー交響楽団、１９５２（昭和27）年の二期会の創設、１９５６（昭和31）年の日本フィルハーモニー交響楽団や東京混声合唱団の発足など、オーケストラや声楽演奏の活性化が見られるようになる。

（２）「うた」の表象

戦後も、レコードやラジオ放送などのメディアが音楽の普及拡大に果たした役割は大きい。また映画主題歌やドラマ主題歌として流行する「うた」のありようは、戦時期から継続する流れでもあった。

占領期には、特に流行歌に世相が表れていた。１９４６（昭和21）年発売の〈りんごの歌〉や１９４９（昭和24）年発売の〈青い山脈〉を引き合いに論じられる、肉体の開放や戦後民主主義の到来などはその典型である。また１９４８（昭和23）年発売の笠置シズ子〈東京ブギウギ〉に代表されるスイングなどのジャズを意識した「うた」や、岡晴夫の１９４６年発売〈東京の花売娘〉、１９４７（昭和22）年発売〈憧れのハワイ航路〉のような独特のリズム、１９４８年に12

歳でレコードデビューした美空ひばりのような少女歌手など、新たな歌謡シーンは、戦後の音楽の象徴と捉えられる。しかし一方では、１９４７年の〈とんがり帽子〉のような戦災孤児、１９４６年発売〈かへり船〉や１９４８年発売〈異国の丘〉のような復員やシベリア抑留、１９５２（昭和27）年発売の〈あゝモンテンルパの夜は更けて〉のようなＢＣ級戦争犯罪など、戦争の傷痕を刻印する「うた」も発表され、流行歌が社会の実像を如実に反映していた。このような流行歌のテーマや演奏形態の多様化は、人々の日常にも音楽をより身近なものとして認識させることとなった。

ラジオは、人々への娯楽や教養のツールとして「うた」を積極的に取り上げた。１９４５（昭和20）年12月の「紅白音楽試合」や、翌年の「のど自慢素人音楽会」は、結果として現在に継続する音楽番組の系譜となる。また、前述した「国民歌謡」が１９４１（昭和16）年2月に「われらのうた」、１９４２（昭和17）年2月に「国民合唱」と番組名を変更しながら継続し、戦後には「ラジオ歌謡」「みんなのうた」に至る。さらに、１９４８年放送開始の「花のコーラス」のような合唱番組、放送局専属の合唱団の結成、中田喜直や大中恩たちが取り組んだ子供番組の放送に代表される新しい「子どもの歌」の創作など、この時期ならではの取り組みが見られた。[27]

さらに復興期になると、１９５１（昭和26）年にラジオ民間放送や、１９５３（昭和28）年のＮＨＫや日本テレビのテレビ放送開始、うたごえ運動の本格化、〈別れの一本杉〉〈リンゴ村から〉〈南国土佐を後にして〉〈東京だよおっ母さん〉〈有楽町で逢いましょう〉など集団就職、大都市の人口集中といった社会状況に連動した流行歌の広がり、雪村いずみや江利チエミのデビューと美空との「三人娘」、１９５０年代に展開した、チャチャチャ、マンボ、ラテン、ドドンパ、ロカビリー、ツイスト、ボサノバなどのワールドミュージックの影響など音楽の多様化が顕著となった。メディアの浸透と共に、さまざまな「うた」が人々の日常に刻印されていくことになる。

占領期から復興期、日米安保闘争に至る時期は、労働運動や社会運動が興隆した時期で、これらの運動でも「うた」が運動の象徴として重要な役割を担っていた。それは、戦時期の厚生運動が、職場の文化運動や、うたごえ運動に継続していることも留意すべきであろう。[28]

このような社会運動としての「うた」は、原水爆禁止運動、核兵器廃絶運動、さらに安保改定反対運動での反戦歌、フォークソングへと継続するように「戦争の時代」の反省が「うた」に色濃く表れた時代もあった。社会の矛盾と向き合う「うた」は「戦後」を生きる我々に重くのしかかる。

2．高度成長期以降のありよう

（1）高度成長から現在へ

60年安保闘争、池田勇人内閣の「所得倍増計画」と続く高度成長期は、１９６４（昭和39）年の東京オリンピック、１９７０（昭和45）年の大阪万国博覧会というイベントで日本の戦後復興を象徴した。しかし、１９７０年代のオイルショックは中東危機、１９８０年代のバブル経済とその破綻、55年体制の終焉から第二次安倍内閣に至る日本の政治体制の変遷、１９８９（平成元）年のベルリンの壁の崩壊やソビエト社会主義共和国連邦の解体、１９９０年代の湾岸戦争からアメリカ軍のアフガニスタン侵攻やイラク戦争と続く対立構造、グローバル化、自国第一主義の台頭、ポピュリズムなどの国際情勢、情報化の進展、１９９５（平成６）年の阪神・淡路大震災や２０１１（平成22）年の東日本大震災と福島第一原子力発電所事故などの災害、２０２０（令和２）年の新型コロナウイルス感染症等に見られる世界規模の感染症の流行など、１９７０年代から現在に至る半世紀の歩みは、人々の日常のありようにさまざまな変化を及ぼしている。

（2）音楽文化の多様化

音楽文化においても、ジャンルを越えた、あるいはジャンルに特化した演奏や創作の深化・多様化・個別化という展開、教育、地域、職場、部活動やサークルでの音楽への関わりなど、まさに日常生活の中に、普通に音楽が浸透している。クラシックの領域では、12音技法やいわゆる現代音楽の試み、地方のプロオーケストラ、シエナウィンドオーケストラや東京佼成ウインドオーケストラなどウインドオーケストラの創設、日本人の指揮者や演奏家の海外での活躍などが見られるが、人々の日常にはさらにメディアを通じたさまざまな音楽が息づいていた。

１９６０年代後半から１９７０年代にかけての音楽シーンは、エレキブームやザ・ビートルズやベンチャーズの来日とその影響、グループサウンズの流行、橋幸夫や吉永小百合、西郷輝彦・舟木一夫・三田明という「御三家」の青春歌謡、社会風刺や批判、反戦の表現としてのフォークソング、「懐メロ」ブーム、山口百恵・桜田淳子・森昌子の「花の高三トリオ」、キャンディーズやピンクレディ、ジャニーズ事務所やホリプロなどの芸能事務所所属のアーティストに代表されるアイドルの活躍、ザ・ドリフターズの「8時だョ!全員集合」「ドリフ大爆笑」に見られる笑いと音楽の融合、ヤマハのポプコンに象徴されるニューミュージックなど、多様な表象が見られた。社会状況や人々の生活環境、メディアのありようと共に、音楽が根を張っていく状況が見て取れる。

１９８０年代以降は、ラップ、ゴスペルやK-POPなど、新たな海外の音楽シーンの定着、ゲーム音楽の深化、１９８２（昭和57）年のザ・シンフォニーホールや１９９６（平成７）年のサントリーホールのようなクラシック専用音楽ホールの開場、ゆず、コブクロ、いきものがかりに代表されるストリートミュージシャン、おニャン子クラブからモーニング娘やＡＫＢ48に至る女性アイドルグループやＥＸＩＬＥのような男性のダンス＆ボーカルユニットの活躍、YouTubeやニコニコ動画に代表される動画共有サービス、初音ミクに代表されるボーカロイドなどによる音楽の発信や享受などは、個人の意識や嗜好が音楽の専門化・細分化に直結している状況が見て取れるのではなかろうか。

おわりに

軍隊や国民の「規律」「統合」を目的に導入された西洋音楽は、国家政策や国際情勢、社会状況や人々の意識と共に歩みながら、今日に至る歴史を形成してきた。その歴史は、まさに近現代史と表裏一体である。この今日に至る日本の西洋音楽の歩みの中に、日本の近現代史という歴史が刻印されている。何より、今私たちがごく普通に、日常生活で接している音楽には、激動の、苦難の道程があったこと、そのいとなみや先達の真摯な取り組みを経て今日に至ることを、意識し、次代に語り継いでいかなければならない。特に戦時期の歴史は、封印するのではなく、二度と同じ過ちを繰り返さないために、歴史の事実を受け止め、考えなければいけない。自国の歴史を知ることは重要である。

今、日本国憲法のもと、例えば音楽をめぐる法令として２０１７（平成29）年施行の文化芸術基本法が存在している。日本国憲法と文化芸術基本法では、基本的人権、「表現の自由」「芸術の自主性を守る」ことが保障されている。しかし、保障されていることに安住せず、立法や行政が、憲法や法令を恣意的な解釈で運用させないために、私たち一人ひとりがきちんと日本国憲法と文化芸術基本法を見据えるべきではないか。憲法や法律に守られていることに安住せず、適正に運用されているか、常に意識しなければならない。本稿で言及したような、戦時中の法令の恣意的な運用が行われないよう、私たちが歴史から学ぶ必要がある。
音楽を音楽として創造し、演奏し、聴くことは、尊いことであることを改めて認識するために、歴史を理解し学ぶことが肝要である。「現在の視点」ではなく、先達は、制約のある時代のなかで音楽文化をどのように切り拓き、構築してきたのか。近現代の歴史に向き合って、歴史の事実を将来にしっかり語り継ぐことが私たちに課せられた責務と思えてならない。歌詞という言葉を伴う「うた」には、このような歴史が込められているのではなかろうか。

〔参考文献〕

・堀内敬三『音楽五十年史（上）（下）』（講談社学術文庫、１９７７年）
・野村光一・中島健蔵・三善清達『日本洋楽外史』（ラジオ技術社、１９７８年）
・古茂田信男・島田芳文・矢澤寛・横沢千秋『新版日本流行歌史（上）（中）（下）』（社会思想社、１９９５年）
・日本戦後音楽史研究会『日本戦後の音楽（上）（下）』（平凡社、２００７年）
・上田誠二『音楽はいかに現代社会をデザインしたか』（新曜社、２０１０年）
・戸ノ下達也『音楽を動員せよ』（青弓社、２００８年）
・戸ノ下達也編『〈戦後〉の音楽文化』（青弓社、２０１６年）

注

1 楽水会編『海軍軍楽隊史』（１９８４年）、なお日本の吹奏楽の歩みは、戸ノ下達也編『日本の吹奏楽史』（青弓社、２０１３年）参照

2 唱歌を始めとする子どもの歌の変遷は、山住正己『子どもの歌を語る』（岩波新書、１９９４年）、岩井正浩『子どもの歌の文化史』（第一書房、１９９８年）、『唱歌の社会史』（メディアイランド、２０１８年）などを参照

3 ラジオ放送は、日本放送協会放送史編修室編『日本放送史（上）（下）』（日本放送出版協会、１９６５年）、竹山昭子『ラジオの時代』（世界思想社、２００２年）参照

4 浅草オペラについては、増井敬二『浅草オペラ物語』（芸術現代社、１９９０年）、宝塚歌劇については津金澤聰廣・近藤久美編『近代日本の音楽文化とタカラヅカ』（世界思想社、２００６年）参照

5 １９２２（大正11）年のメーデーで初めて発表された「メーデー歌」は《聞け万国の労働者》だが、この楽曲は、諸説あるものの、元々は旧制第一高等学校の寮歌《アムール川の流血や》の旋律であり、明治期には《歩兵の本領》としても歌われていた。同じ旋律が歌詞を変えてまったく違う脈絡で使われていた、現在に至る替歌の表象を見て取ることもできる。

6 第六十五回帝国議会衆議院出版法中改正法律案委員会議録（速記）第二回

7 以下、レコード検閲に関する引用は小川近五郎『流行歌と世相』（日本警察新聞社、１９４１年）による。

8 「愛国行進曲に厳重な当局のテスト検閲」讀賣新聞１９３７年12月28日

9 「舞踏場取締ニ関スル件」（JACAR（アジア歴史資料センター）Ref.A05032334600「警保局長決済書類昭和

十三年（上）」）

10　ダンスや風営法については、永井良和『社交ダンスと日本人』（晶文社、１９９１年）、同『定本風俗営業取締り』（河出ブックス、２０１５年）参照。なお風営法は２０１５（平成26）年の改正で「ダンス」規制は削除されたが、許可制の「特定遊興飲食店営業」が新設されるなどの課題が残っている。

11　紀元二千六百年奉祝については、古川隆久『皇紀・万博・オリンピック』（中公新書、１９９８年）参照

12　音文の機関紙「音楽文化新聞」「音楽文化協会会報」は、『復刻・音楽文化新聞』（金沢文圃閣、２０１１年）として復刻されている。音文については、戸ノ下達也『音楽を動員せよ』（青弓社、２００８年）参照

13　「国民歌」の創作・普及については、戸ノ下達也『「国民歌」を唱和した時代』（吉川弘文館、２０１０年）参照

14　ＮＨＫ全国学校音楽コンクールホームページ「Ｎコンのあゆみ」http://www.nhk.or.jp/ncon/archives/参照

15　「戦時下国民娯楽ニ関スル緊急措置ニ関スル件」は、「指示事項　昭和十六年十二月十三日警察部長事務打合会」（JACAR（アジア歴史資料センター）Ref.A05020239300、種村氏警察参考資料第78集、第七十七議会参考資料）に掲載

16　「大東亜戦争完遂に楽壇総出陣の構へ」『音楽文化新聞』第1号（１９４１年12月20日）

17　『ＮＨＫ交響楽団五十年史』（日本放送出版協会、１９７７年）、『東京フィルハーモニー交響楽団八十年史』（東京フィルハーモニー交響楽団、１９９１年）

18　「長期持久戦ニ対応スル治安維持対策要領」（昭和十七年八月二十一日警察部長事務打合会席上配布）（JACAR（アジア歴史資料センター）Ref.A06030075800、警察部長会議書類昭和十七年）

19 「純音楽演奏活動にも決戦態勢」『音楽文化新聞』第57号（１９４３年８月20日）

20 クリティーク80編『安部幸明』（音楽の世界社、１９９７年）

21 『思想旬報』第３号

22 内務省警保局保安課『最近に於ける不敬、反戦反軍、其他不穏言動の状況』（昭和二十年八月）

23 戦時音楽問答（『音楽文化』１９４４年４月号）

24 戸ノ下達也「劇場公演のいとなみ」（津金澤聰廣・田畑きよ子・名取千里編『タカラヅカという夢』（青弓社、２０１４年）参照。なお宝塚歌劇の創設から現在に至る足跡や特徴は、本書のほか青弓社編集部編『宝塚という装置』（青弓社、２００９年）も参考となる。

25 戦後の音楽文化については、日本戦後音楽史研究会『日本戦後音楽史上・下』（平凡社、２００７年）、戸ノ下達也編『〈戦後〉の音楽文化』（青弓社、２０１６年）を参照

26 ONTOMO MOOK『日本の作曲20世紀』（音楽之友社、１９９７年）

27 戸ノ下達也・横山琢哉編『日本の合唱史』（青弓社、２０１１年）

28 うたごえ運動は、河西秀哉『うたごえの戦後史』（人文書院、２０１７年）参照

あとがき

塚田佳男

テノールの畑儀文さんと共に、私のもとをヴィタリが訪ねてきたのは、２０１３年の９月であった。最初は「ロシア人の歌う日本の歌はどのようなものか」といった興味本位で接したのだが、彼が聴かせてくれた〈荒城の月〉に私は驚かされた。それは、外国人特有の妙な母音のない心地よい日本語の歌唱であり、まだ多少粗削りな演奏ではあったものの、その立派な声の内にひそむ、なんとも言えぬ憂愁に胸を打たれた。

私は日本歌曲を学ぶ日本人歌手たちへのアドバイスを長年続けているが、彼らのほとんどが日本語の発音や発語への、そして、それに伴うフレージングへの意識があまりに甘いことに半ばあきらめを感じていたので、それからのレッスンにおけるヴィタリとの交流の中で、彼の日本歌曲への謙虚で真摯な学びの姿勢は、そのみずみずしい感性と共に私には感動的であった。またそれほどまでにヴィタリにとっては、歌曲、童謡や唱歌、民謡や演歌や歌謡曲といった分野に関係なく彼自身が耳にしてきた日本のうたの全ては、彼にとってのまさに〝愛する国〟のうたなのである。

さて、外国人歌手の歌う日本のうたといえば、彼らの来日公演の際のアンコールに歌われるポピュラーな日本の歌くらいであり、最近でこそ、芸術的な日本歌曲をうたったＣＤも幾つかあるにはあるが、どれも発音に問題があったり、なんともひとりよがりな演奏に終始したりしていることを思えば、ヴィタリの日本のうたへの愛情は全く別格のものであり、そんな彼の想いが、２０１８年に録音したＣＤ『「ありがとう」を風にのせて』で見事に結実したのも当然のことなのである。ヴィタリの歌唱によって、分野にとらわれないさまざまな日本のうたを、まさに〝インターナショナル〟な形で発信できたのは私にとっても幸いなことであった。

そんなヴィタリも日本で生活することを決断し、実行するのにさまざまな苦悩、葛藤があったことは想像に難くない。いくら日本の風土や文化に魅せられ、日本へのあこがれが人一倍強いとはいっても、その想いだけで日本という異国で生活をする、というのは並大抵のことではなかろう。ヴィタリが今、この日本で生きること、音楽をすること、こうして本を書くことができるのも、ヴィタリの自分自身の運命を切り開いていける力はもちろんのこと、日本に導かれるまで、そして日本で生きる中でのたくさんの素敵な出逢いや経験に支えられていたからこそなのである。これほど幸福なことはないであろう。

そんなヴィタリの視点から書きつづられた〝日本〟の姿もなかなか面白く、日本という〝この国〟で何気なく生きている私たちにとって、忘れがちなこと、あらためて気付づかされることも多々である。私は「日本の言葉は、日本の〝心〟という根から生まれた繊細でみずみずしい葉であり、そのこまやかさにも、やさしさにも、かなしみにも、なつかしさにも日本の心が脈々と流れて息づいている。その日本の言葉と音楽とが出会って咲かせた花、それが日本の歌曲である」と常々話しているが、そんな私の気持ちもくんで、ヴィタリは日本というものをこの本の中でしっかりと語ってくれていると思う。

この本を手に取ってくださった皆様が、ヴィタリの日本への尽きることない想いを受け取ってくださることはもちろん、共著者である戸ノ下達也氏の鋭いアカデミックな論考と共に、〝日本のうた〟に限らず、日本の芸術、文化、風土をあらためて見つめ直し、考えてみるきっかけとなることを願う次第である。

■プロフィール

ヴィタリ・ユシュマノフ

サンクトペテルブルク（ロシア）生まれ。2015年春より日本に拠点を移し、『歌の翼に』、『Parole d'amore』、『「ありがとう」を風にのせて～』をCDリリース。

これまでに、びわ湖ホールオペラ「ラインの黄金」、「ラ・フォル・ジュルネ・オ・ジャポン」、NHK-FM「リサイタル・ノヴァ」、オペラ「ドン・ジョヴァンニ」の主役で全国4公演、「ららら♪クラシックコンサート」、BS テレ東「ワタシが日本に住む理由」などに出演。

日本トスティ歌曲コンクール2015第1位及び特別賞、第14回東京音楽コンクール声楽部門第2位、第52回日伊声楽コンコルソ第1位及び最優秀歌曲賞受賞。

http://vitalyyushmanov.com

CD『「ありがとう」を風にのせて』

Amazonにて発売中

■プロフィール

戸ノ下達也

1963年東京都生まれ。立命館大学産業社会学部卒。研究課題は近現代日本の社会と音楽文化の考察。

著書に『「国民歌」を唱和した時代－昭和の大衆歌謡』（吉川弘文館、2010年）、『音楽を動員せよ－統制と娯楽の十五年戦争』（青弓社、2008年）、編著書に『〈戦後〉の音楽文化』（青弓社、2016年）、『日本の吹奏楽史』（青弓社、2013年）、『日本の合唱史』（青弓社、2011年）など。「ハンナ」「音楽現代」で論考や公演評を担当のほか、コンサート監修にも注力している。

第5回JASRAC音楽文化賞受賞。洋楽文化史研究会会長、日本大学文理学部人文科学研究所研究員。

ヴィタリ ～人生って不思議なものですね～
「日本のうた」に魅了されたロシア人歌手

2020年 8 月 7 日　初版発行

著　　者　　ヴィタリ・ユシュマノフ／戸ノ下 達也
発 行 人　　井澤 彩野
発　　行　　株式会社ハンナ
〒153-0061
東京都目黒区中目黒3-6-4 中目黒NNビル2F
Tel 03-5721-5222　Fax 03-5721-6226
http://www.chopin.co.jp/

協　　力：株式会社ジョイフル・アーツ
装　　丁：久保和正デザイン室
カバー撮影：平賀正明
口絵撮影：HANNA AYANO IZAWA（2020年のみ）
編　　集：中村葉奈

印刷・本文デザイン　モリモト印刷株式会社